LOS LIBROS
POÉTICOS Y SAPENCIALES
DEL ANTIGUO TESTAMENTO

Interpretación eficaz hoy

LOS LIBROS POÉTICOS Y SAPENCIALES DEL ANTIGUO TESTAMENTO

Interpretación eficaz hoy

Samuel Pagán

Editorial CLIE
www.clie.es

EDITORIAL CLIE
C/ Ferrocarril, 8
08232 VILADECAVALLS
(Barcelona) ESPAÑA
E-mail: clie@clie.es
http://www.clie.es

© 2016 Samuel Pagán

© 2016 Editorial CLIE

LOS LIBROS POÉTICOS Y SAPENCIALES DEL ANTIGUO TESTAMENTO
ISBN: 978-84-944626-8-9
Depósito legal: B. 26211-2016
Comentarios bíblicos
Antiguo Testamento
Referencia: 224980

Nota biográfica del autor

SAMUEL PAGÁN es un académico puertorriqueño que se ha distinguido en el complicado y desafiante mundo de las traducciones de la Biblia. Y es uno de los eruditos latinoamericanos de más aprecio y reconocimiento internacional en las postrimerías del siglo XX y comienzos del XXI. Sus contribuciones al mundo del saber no han sido pocas: ha escrito y publicado más de cuarenta libros y cientos de artículos sobre asuntos bíblicos, teológicos y literarios; además, ha organizado, trabajado o editado varias Biblias de estudio en castellano, que han superado las líneas denominacionales y nacionales. En la actualidad sirve como profesor de Sagradas Escrituras y decano del Centro de Estudios Bíblicos en Jerusalén. Posee varios grados doctorales de universidades y seminarios de gran prestigio y reconocimiento académico.

Pagán ha sido reconocido en diversas partes del mundo, tanto en foros académicos y eclesiástico, como en contextos interreligiosos y gubernamentales por sus buenas aportaciones al conocimiento y por sus investigaciones y libros, que han ayudado de forma destacada a las traducciones, el estudio y la comprensión de la Biblia. Su labor literaria, investigativa y docente ha contribuido a la salud integral y al mejoramiento de la calidad de vida de millones de hombres y mujeres en el mundo de habla castellana. Junto a su esposa, la doctora Nohemí Pagán, viven en Kissimmee (Florida) y Jerusalén.

Dedicatoria

Dedico este libro a mis colegas en el ministerio de la traducción de la Biblia, de las Sociedades Bíblicas Unidas e Internacional, con quienes he disfrutado un mundo de experiencias gratas, tanto académicas y profesionales como interpersonales y fraternales...

Gracias, amigos y amigas, hermanos y hermanas...

Contenido

Abreviaturas

Libros de la Biblia

1. Libros canónicos

Abd	Abdías	Gn	Génesis
Am	Amós	Hab	Habacuc
Ap	Apocalipsis	Hag	Hageo
Cnt	Cantar de los cantares	Hch	Hechos
1 Co	1 Corintios	Heb	Hebreos
2 Co	2 Corintios	Is	Isaías
Col	Colosenses	Jer	Jeremías
1 Cr	1 Crónicas	Jl	Joel
2 Cr	2 Crónicas	Jn	Juan
Dn	Daniel	1 Jn	1 Juan
Dt	Deuteronomio	2 Jn	2 Juan
Ec	Eclesiastés	3 Jn	3 Juan
Ef	Efesios	Job	Job
Esd	Esdras	Jon	Jonás
Est	Ester	Jos	Josué
Ex	Éxodo	Jud	Judas
Ez	Ezequiel	Jue	Jueces
Flm	Filemón	Lc	Lucas
Flp	Filipenses	Lm	Lamentaciones
Gl	Gálatas	Lv	Levítico

Mal	Malaquías	Sof	Sofonías
Mc	Marcos	Stg	Santiago
Miq	Miqueas	1 Ti	1 Timoteo
Mt	Mateo	2 Ti	2 Timoteo
Nah	Nahúm	Tit	Tito
Neh	Nehemías	1 Ts	1 Tesalonicenses
Nm	Números	2 Ts	2 Tesalonicenses
Os	Oseas	Zac	Zacarías
1 P	1 Pedro		
2 P	2 Pedro		**2. Libros deuterocanónicos**
Pr	Proverbios		
1 R	1 Reyes	Bar	Baruc
2 R	2 Reyes	Eclo	Eclesiástico
Ro	Romanos	Jdt	Judit
Rt	Rut	1 M	1 Macabeos
1 S	1 Samuel	2 M	2 Macabeos
2 S	2 Samuel	Sab	Sabiduría
Sal	Salmos	Tob	Tobías

Abreviaturas y símbolos generales

a. C.	Antes de Cristo
AEC	Antes de la era común
AT	Antiguo Testamento
a. m.	En la mañana
c.	Aproximadamente, *circa*
cf.	Confrontar o comparar
cm	Centímetros
DC	Deuterocanónico
d. C.	Después de Cristo
DEC	Después de la era común
ed., eds.	Editor, editores
etc.	Etcétera, otros más
g	Gramos
gr.	Griego
heb.	Hebreo
Ibídem	El mismo autor y la misma obra
Ídem	El mismo autor
kg	Kilogramo

km	Kilómetro
l	Litro
lit.	Literalmente
m	Metro
m. d.	Mediodía
ms., mss.	Manuscrito o manuscritos
n.	Nota
NT	Nuevo Testamento
orig.	Texto original
p. ej.	Por ejémplo
p. m.	En la tarde
reimp.	Reimpresión
s., ss.	Siguiente o siguientes
LXX	Versión griega del AT, Septuaginta
TM	Texto Masorético
trad.	Traducción
v., vv.	Versículo o versículos
Vg.	Versión latina de la Biblia, Vulgata
vol., vols.	Volumen o volúmenes

Abreviaturas de obras académicas

Las abreviaturas de documentos y obras académicas que se incluyen en este libro, se fundamentan principalmente en las recomendaciones de Schwertner, *Internationales Abkrzungsverzeichnis fur Theologie und Grenzgebiete*, 2 (Berlín y Nueva York: W. de Gruyter, 1991).

 Prefacio

La ley del Señor es perfecta:
infunde nuevo aliento.
El mandato del Señor es digno de confianza:
da sabiduría al sencillo.
Los preceptos del Señor son rectos:
traen alegría al corazón.
El mandamiento del Señor es claro:
da luz a los ojos.
El temor del Señor es puro:
permanece para siempre.
Las sentencias del Señor son verdaderas:
todas ellas son justas.
Son más deseables que el oro,
más que mucho oro refinado;
son más dulces que la miel,
la miel que destila del panal.

SALMO 19.7-10 (NVI)

El Libro de los libros

Por generaciones, la Biblia ha sido un libro de importancia capital para millones y millones de personas. Para los creyentes, tanto judíos como cristianos, las Sagradas Escrituras son fuente de inspiración espiritual, ética y moral, además de ser base para el desarrollo de enseñanzas, doctrinas y teologías. Y para no creyentes, su importancia reside en la naturaleza de su contenido histórico y en el particular despliegue de géneros literarios y temas que responden a los clamores más intensos e íntimos de la humanidad. Por esas características, entre otras, la Biblia ha sido declarada «Patrimonio de la Humanidad», o referida, como «el Libro», sin más explicaciones u orientaciones.

Es ciertamente la Biblia un ejemplo extraordinario de virtud literaria y estética. En sus testamentos, libros, capítulos, versículos y palabras se encuentran gran cantidad de géneros literarios y temas que revelan mucho más que sus virtudes espirituales. Sus páginas ponen claramente de manifiesto narraciones hermosas y poesías exquisitas: además, entre otros géneros se incluyen cuentos, himnos, proverbios, oráculos, oraciones, profecías, leyendas…

Inclusive, en las Escrituras aparecen inmersos, entre los temas expuestos, asuntos que la convierten en literatura de éxito en cualquier librería: por ejemplo, intriga, violencia, humor, sexo, ternura, odio, amor, esperanza... Algunas personas piensan que sus oráculos encierran mensajes ocultos que deben ser descifrados con métodos especiales que incluyen el conteo de las letras y palabras y el análisis computadorizado de sus narraciones. Y no son pocas las personas que a través de la historia han intentado ver entre sus párrafos las predicciones certeras de los acontecimientos futuros.

La historia de un pueblo

De fundamental importancia es saber, sin embargo, que la Biblia, particularmente su primera sección, conocida como la Biblia hebrea, Escrituras judías o Antiguo Testamento, trata de la historia nacional de una comunidad específica: se refiere a los orígenes del pueblo judío. Entre sus relatos se pueden identificar, sin mucha dificultad, narraciones que explican sus orígenes históricos; e, inclusive, se pueden leer poemas antiguos en torno a la creación del mundo y acerca del inicio mismo de la vida y la historia. Al comienzo se trata nada más que de un grupo pequeño de individuos, familias y tribus nómadas que afirman ser llamados y elegidos por Dios, hasta posteriormente convertirse en un reino importante en la geopolítica de Oriente Medio.

La narración histórica de las vivencias del pueblo judío, con el paso del tiempo, se ha convertido en modelo para el desarrollo de la esperanza en pueblos oprimidos y perseguidos, y para afirmar el porvenir grato y liberado entre personas cautivas por las diversas angustias de la existencia humana. Los relatos de la liberación extraordinaria del grupo nómada bajo el imperio egipcio, que tradicionalmente se relaciona con Moisés y las narraciones en torno a las intervenciones divinas para finalizar con el destierro en Babilonia, se han convertido en modelos que brindan esperanza y futuro a quienes se han sentido cautivos y heridos a través de la historia de la humanidad. Los gozos y las tribulaciones de la comunidad judía antigua se han convertido en testimonio de fe para quienes sienten las marginaciones y los cautiverios políticos, sociales, económicos, religiosos y espirituales en la existencia humana.

Esos temas de esperanza y renovación tienen grandes repercusiones en la vida y las acciones de Jesús de Nazaret, que fue un joven judío de la Palestina del primer siglo, educado en las importantes tradiciones relacionadas con la Biblia hebrea. Este predicador galileo se destacó por sus interpretaciones transformadoras de los textos antiguos, pues se dedicó a hacer bienes a la comunidad que vivía en medio de una nueva cautividad y ocupación política y militar, la del poderoso Imperio romano. Su proyecto de vida fue certero, firme y claro: interpretar las antiguas Escrituras y tradiciones del pueblo judío a la luz de las necesidades de la gente más angustiada y necesitada de la región de Galilea, popular y despectivamente conocida como «la Galilea de los gentiles».

El Libro de las iglesias

Las iglesias cristianas siguieron el modelo de Jesús e hicieron de las Escrituras hebreas parte de sus Biblias. Sus lecturas de los textos antiguos, sin embargo, tomaban seriamente en consideración no solo la historia antigua del pueblo judío, sino las actividades liberadoras de Jesús de Nazaret, y las implicaciones de esas acciones a través de la historia. Consideraban, además, el desarrollo de la incipiente comunidad cristiana a medida que el mensaje del Cristo resucitado se difundía en Palestina y Oriente Medio, particularmente en Asia Menor. Y esa particular comprensión de las Escrituras hebreas es la que hace que el mensaje del Antiguo Testamento rompa los linderos del tiempo hasta llegar, entre las personas creyentes, hasta la sociedad contemporánea en el siglo XXI, con fuerza inusitada.

Desde esa particular perspectiva histórica, la Biblia hebrea se convierte en documento grato y familiar en medio de las iglesias y las personas creyentes en Cristo. Esa comprensión espiritual de los documentos judíos pone en clara evidencia no solo la historia antigua de un pueblo que experimentó el poder divino en su liberación nacional, sino las vivencias de la humanidad. La Biblia hebrea, en efecto, contiene el mensaje que prepara a las personas para enfrentar la vida y sus desafíos, la existencia y sus aciertos, y la cotidianidad y sus desaciertos...

Las personas de fe entienden que el mensaje de la Biblia prepara a la gente para enfrentar, con valor y dignidad, las grandes crisis y dificultades de la vida, inclusive para afrontar la posibilidad de la muerte y sus temores. La Biblia no solo es historia antigua, pues contiene el mensaje relevante que prepara a la persona para superar con valentía los diversos desafíos que intentan cautivarle, disminuirle, oprimirle, subyugarle, marginarle, desorientarle...

En este sentido, la Biblia hebrea o AT no solo es el libro antiguo de los judíos, pues incluye y representa valores morales y principios éticos que superan los límites étnicos, nacionales, regionales, temporales y hasta religiosos. El mensaje de esperanza, futuro, seguridad, redención, restauración, liberación y salvación es, en efecto, la palabra de Dios para la humanidad. Y esa palabra tiene implicaciones para la sociedad posmoderna que ha llegado al siglo XXI con signos de depresión, agotamiento, desorientación...

La obra que el lector o la lectora tiene en sus manos es una introducción general a una sección importante de esa gran pieza de literatura, documento espiritual y patrimonio universal: los libros poéticos, sapienciales y apócrifos del Antiguo Testamento. Nuestro propósito es presentar el mensaje fundamental de cada libro o cada sección para colaborar positivamente en los procesos de comprensión y actualización de sus enseñanzas.

Los libros poéticos del Antiguo Testamento ponen de manifiesto lo mejor de la teología bíblica, en categorías literarias que no solo transmiten con efectividad la voluntad divina y afirman la revelación de Dios, sino que son ejemplos vivos de la capacidad de comunicación que se manifiesta en sus poemas, cánticos y oraciones. La literatura sapiencial revela la extraordinaria capacidad pedagógica que tenían esos escritores bíblicos, que en estilos poéticos transmitieron enseñanzas extraordinarias por medio de, entre otros géneros, los proverbios. Y la literatura apócrifa presenta su importancia al permitirnos estudiar los contextos históricos, sociales y políticos que se vivían en la antigua Palestina antes de la llegada del esperado Mesías.

El Antiguo Testamento en general, y la literatura poética y sapiencial en particular, incluyen y articulan la experiencia de fe del pueblo de Israel desde sus orígenes, inclusive desde la creación del mundo, hasta la época anterior a la llegada del Mesías cristiano, Jesús de Nazaret. Sus narraciones y poemas, sus oráculos y enseñanzas, y sus proverbios y parábolas incorporan elocuentemente las respuestas de la comunidad hebrea a los grandes desafíos históricos y espirituales que vivieron como pueblo e individuos, fundamentados en sus profundas convicciones en el Dios único y verdadero, descrito como «viviente» (Sal 42.1-3), en contraposición a las deidades cananeas que carecían de esa característica fundamental.

El Dios del Antiguo Testamento, de acuerdo con los relatos bíblicos, escogió revelarse al pueblo de Israel en medio de la historia, específicamente decidió manifestarse en las vivencias reales y cotidianas de la comunidad, al revelar en el monte Sinaí la Ley y establecer un pacto o alianza con el pueblo que era el claro objeto de su amor, misericordia, perdón y elección. Esa particular relación Dios-Israel reclamó del pueblo y sus líderes niveles éticos y morales que pusieran de manifiesto la santidad y la justicia del Señor.

La Biblia hebrea, en efecto, presenta la historia de un pueblo desde esa tan particular y extraordinaria perspectiva de la fe. Los libros poéticos y sapienciales se fundamentan en esa singular teología de la revelación divina para presentar el mensaje divino a la comunidad. Y esa revelación de Dios sigue vigente entre la gente de fe, tanto judía como cristiana, y también es objeto de estudio riguroso y sistemático en las comunidades académicas.

Nuestro acercamiento a los temas expuestos

Esta obra se concibe y escribe para responder inicialmente a una necesidad y reclamo de las instituciones educativas de las iglesias (p. ej., universidades, seminarios teológicos, institutos bíblicos, escuelas bíblicas y círculos de estudio y oración), en el extenso y complejo mundo de habla castellana (América Latina, Caribe, España y las comunidades latinas en los Estados Unidos). Se redacta con el propósito definido de iniciar a los lectores y las lectoras de este libro en el vasto y maravilloso mundo espiritual, teológico, literario e histórico de la literatura poética, sapiencial y apócrifa del Antiguo Testamento.

A esa finalidad pedagógica inicial se añade el componente de la identidad del autor, que es pastor y profesor de Biblia, además de ser puertorriqueño, caribeño y latinoamericano. Por esa razón, además de destacar los temas tradicionales de las introducciones generales a las Sagradas Escrituras, tomamos seriamente en consideración los asuntos, las preguntas, los desafíos y las preocupaciones que tienen pertinencia e inmediatez en las comunidades eclesiales e iglesias hispanoparlantes.

En efecto, junto al desarrollo de los asuntos que pertenecen al tipo de género literario conocido como «introducciones bíblicas» se exploran algunos temas que tienen particular relevancia para el ministerio entre líderes y congregaciones de habla castellana. Por ejemplo, se enfatizan, exploran, exponen y analizan asuntos que responden a los desafíos que presenta la situación de pobreza, desesperanza y miseria en nuestro continente a los creyentes y a las congregaciones, y se afirma el liderato de personas laicas que desean incursionar en el mundo de la exégesis avanzada y los estudios bíblicos serios.

Además, escribimos esta introducción a la sección poética y educativa de la Biblia desde Tierra Santa, específicamente desde Jerusalén, donde vivimos, y en la histórica ciudad de Belén, donde servimos. Ese particular contexto educativo inmediato nos permite tomar en consideración algunos asuntos teológicos y exegéticos de importancia medular, relacionados, por ejemplo, con las culturas de Oriente Medio, la geografía y el clima de la región, además de las dinámicas geopolíticas que no solo afectaron las relaciones económicas, sociales, culturales, políticas y espirituales en épocas antiguas, sino que todavía el día de hoy se manifiestan con fuerza entre los pueblos palestino e israelí en particular, y entre el Estado de Israel y los países árabes, en general.

En torno al importante tema de las implicaciones contemporáneas de nuestro estudio, es fundamental comprender que algunos postulados teológicos tradicionales deben ser revisados y reinterpretados con el propósito de mejorar y aclarar la comprensión de sus enseñanzas y replantear sus implicaciones éticas, pastorales, políticas, económicas y sociales. Y como nuestro acercamiento educativo, metodológico, teológico y exegético es canónico —es decir, que toma prioritariamente en consideración para su análisis los temas, el orden y los asuntos de las Sagradas Escrituras como un todo—, es menester no solo ubicar cada libro en su particular e inmediato contexto histórico, literario y teológico, sino en el entorno más amplio e importante de la aceptación y el reconocimiento de la Biblia con autoridad religiosa, moral, legal y espiritual durante el exilio en Babilonia, y particularmente en el período postexílico.

Fue en ese singular contexto social, político y religioso, de superación de las crisis profundas generadas a raíz de la pérdida del templo, la nación y el gobierno en Jerusalén, que los profetas, sacerdotes y escritores bíblicos se dieron a la tarea de recoger, revisar, actualizar, interpretar, redactar y reinterpretar las antiguas tradiciones que el pueblo de Israel tenía desde épocas previas a la deportación. Algunas de esas tradiciones eran muy antiguas, y ya habían superado las etapas orales y se había fijado en diversas formas escritas.

Este acercamiento canónico a la Biblia hebrea o Antiguo Testamento afirma que fue específicamente en ese contexto teológico postexílico que las Escrituras hebreas tomaron su forma final, de la manera que la conocemos el día de hoy. Ese período de gran creatividad literaria, que caracterizó el regreso de Israel a Jerusalén y Judá, fue testigo de las importantes gestiones sociales, políticas, económicas, nacionales y religiosas de líderes como Esdras y Nehemías. Y en diálogo con esos procesos de reconstrucción nacional es que se comprendían las tradiciones antiguas del pueblo y se incorporaban a lo que posteriormente se denominó e identificó como el canon de las Sagradas Escrituras.

A través de los siglos, la comunidad judía ha estudiado las Escrituras desde una perspectiva muy singular que identifica en cada porción bíblica múltiples niveles de sentido que nosotros hemos tomado en consideración en nuestros análisis exegéticos y hermenéuticos. Esas formas tradicionales de estudiar las Sagradas Escrituras han influenciado no solo las interpretaciones judías del mensaje bíblico, sino las cristianas.

En este libro introductorio a la Biblia hebrea, esas consideraciones teológicas y metodológicas judías se han tomado en cuenta.

- En primer lugar, las comunidades judías evalúan la superficie y lo básico, lo escueto del pasaje a estudiar. Esta metodología de estudio intenta identificar y explicar el sentido inicial, plano o básico de los pasajes bíblicos (en hebreo, esta manera de estudiar la Escritura se conoce como *peshat*). Esta forma, que no es necesariamente literal, se fundamenta en la comprensión del significado correcto de las palabras, el análisis adecuado del contexto, y la evaluación pertinente de gramática y la sintaxis del texto.
- Una segunda manera de estudiar las Escrituras en las sinagogas es leer los textos de forma profunda, intentando descubrir diversos niveles de sentido en las narraciones bíblicas. Esas formas de inquirir (en hebreo, *derash*) son la que utilizan generalmente los rabinos, o inclusive los ministros cristianos, cuando exponen algunas enseñanzas basadas en los pasajes estudiados. En esta metodología se añaden ejemplos para ilustrar el mensaje. Los *midrash*, que son formas creativas de relatar, exponer y explicar los pasajes bíblicos, se relacionan con estas maneras de estudiar las Escrituras.
- La tercera forma de estudios bíblicos entre hombres y mujeres de la fe judía es la alegórica (conocida en hebreo como *remez*). Esta metodología intenta descubrir, identificar y analizar los paralelos entre los textos y las enseñanzas escriturales y algunos conceptos abstractos. Esta manera de comprender la Biblia descubre valores ulteriores y verdades alternas en los personajes y los eventos que se ponen de relieve en las narraciones bíblicas.
- Finalmente, la cuarta manera de leer y comprender las Escrituras en las comunidades judías a través de la historia es la

mística (que en hebreo se identifica como *sod*). Esta forma de estudio bíblico intenta descubrir en los pasajes bíblicos algún tipo de código que le permita penetrar en la sabiduría profunda que se encuentra escondidas en las Sagradas Escrituras, además de relacionarse íntimamente con Dios. Entre las tradiciones místicas judías se encuentra la *Kabala*, que utiliza una serie compleja de símbolos para comprender adecuadamente las palabras y hasta las letras de cada pasaje bíblico.

La obra que el lector tiene en sus manos puede ser utilizada sin mucha dificultad en universidades, seminarios teológicos y pastorales e institutos bíblicos; también puede ser de gran utilidad y formar parte de las bibliotecas personales de predicadores y predicadoras; además, puede ayudar a personas involucradas en los diversos programas educativos de las congregaciones, a aumentar su comprensión de los grandes temas teológicos, históricos y espirituales que se exponen en el AT. Inclusive, personas nuevas en la fe encontrarán en estas páginas información variada que les permitirá crecer y desarrollar positivamente su vida cristiana.

Agradecimientos

Escribir un libro en torno a la Biblia es un trabajo complejo, arduo, desafiante, intenso y extenso, que requiere de una gran infraestructura bibliográfica y necesita el personal de apoyo adecuado para llegar a la culminación del proyecto. ¡Y este libro no es ninguna excepción!

Por esa razón debo separar este espacio de calidad para agradecer sinceramente las contribuciones destacadas de las siguientes personas, que incentivaron, con sus comentarios y sugerencias, la culminación de esta obra:

A las Sociedades Bíblicas Unidas y la Sociedad Bíblica Internacional, que por décadas nos han permitido estudiar los manuscritos hebreos, arameos y griegos de la Biblia, para comprender mejor la revelación de Dios y traducir el mensaje divino con claridad y pertinencia.

A mi esposa, Nohemí, que revisa, descifra, critica, analiza y edita mis manuscritos con paciencia, profesionalidad y amor.

Y, antes de finalizar este preámbulo, junto a todos los lectores y las lectoras de este libro, deseo implorar la bendición y la sabiduría del salmista cuando hablaba de la persona bienaventurada, grata, alegre o dichosa en la vida.

Mi objetivo académico y profesional, teológico y pedagógico, personal y pastoral, es que podamos incorporarnos, junto al poeta bíblico, al mundo de la gente feliz que alaba y adora a Dios...

¡Aleluya! ¡Alabado sea el Señor!
Alaben a Dios en su santuario,
alábenlo en su poderoso firmamento.
Alábenlo por sus proezas,
alábenlo por su inmensa grandeza.
Alábenlo con sonido de trompeta,
alábenlo con el arpa y la lira.
Alábenlo con panderos y danzas,
alábenlo con cuerdas y flautas.
Alábenlo con címbalos sonoros,
alábenlo con címbalos resonantes.
¡Que todo lo que respira alabe al Señor!
¡Aleluya! ¡Alabado sea el Señor!

Salmo 150 (NVI)

Dr. Samuel Pagán
Jerusalén 2016

1

✻ Los libros poéticos, sapienciales y apócrifos

Dichoso el hombre
que no sigue el consejo de los malvados,
ni se detiene en la senda de los pecadores
ni cultiva la amistad de los blasfemos,
sino que en la ley del Señor se deleita,
y día y noche medita en ella.
Es como el árbol
plantado a la orilla de un río
que, cuando llega su tiempo, da fruto
y sus hojas jamás se marchitan.
¡Todo cuanto hace prospera!

SALMO 1.1-3 (NVI)

Introducción

Con el primer salmo bíblico como trasfondo, que destaca la importancia de la ley divina para descubrir y disfrutar la felicidad en la vida, comenzamos esta obra. El propósito básico es presentar y analizar los libros poéticos, sapienciales y apócrifos del Antiguo Testamento. Gran parte de esta literatura se incluye en la tercera sección de la Biblia hebrea, en donde se identifican como los Escritos, que se ubican luego de la Torá y los Profetas.

En nuestro estudio vamos a analizar específicamente los siguientes libros del Antiguo Testamento: Salmos, Job, Proverbios, Cantar de los cantares, Eclesiastés y Lamentaciones. Además, hemos incluido una presentación breve de los libros apócrifos, o deuterocanónicos, para explorar los temas que articulan y evaluar sus contribuciones a la experiencia religiosa del antiguo pueblo judío.

El orden de los libros del Antiguo Testamento no es muy antiguo, pues posiblemente proviene del s. XII. Respecto a este tema, es importante recordar que algunos grupos de manuscritos y ediciones antiguas de las Escrituras presentan secuencias alternativas. Esto se debe a que los creyentes judíos antiguos y las sinagogas no establecieron un orden definido en la disposición de estas obras. La comunidad judía reconoció la tercera sección de la Biblia hebrea, o *Tanak*, con respeto litúrgico y autoridad religiosa, entre los años 300 y 100 a. C.

Diversos géneros literarios se pueden identificar con precisión entre estos libros. La lectura cuidadosa de estas obras distingue y valora los géneros poéticos, sapienciales y apocalípticos. En efecto, la teología que se pone claramente de relieve en estas obras se articula en géneros literarios variados que propician la comunicación de la Palabra divina y revelan los diversos estilos y las diferentes metodologías de comunicación, y presentan, además, las prioridades temáticas de sus autores.

La poesía

Entre las obras poéticas que se incluyen en esta sección de la Biblia se deben destacar los libros de los Salmos, Cantar de los cantares y Lamentaciones, que presentan sus mensajes en expresiones líricas bien definidas y articuladas. Estos poemas están escritos en versos claramente definibles, y se caracterizan muy bien por la polimetría, la polisemia, la musicalidad, la articulación y transmisión de sentimientos profundos y lenguaje figurado, y por diversas formas de paralelismo de temas, ideas y palabras, que constituyen una de las características más importantes y determinantes de la poesía bíblica.

Respecto a la poesía en la Biblia hebrea, es importante indicar que una gran parte de las formas de comunicación en las Escrituras se relaciona con estos tipos de articulaciones literarias. La literatura poética se incluye con mucha frecuencia en los libros proféticos y en los sapienciales, e inclusive se incorpora en las narraciones históricas, y hasta en textos legales. En efecto, la poesía constituye un género primario de comunicación bíblica, pues, entre otros factores, facilita la memorización y la asimilación de las enseñanzas en una sociedad no literaria en la cual la memoria jugaba un papel protagónico en las dinámicas sociales y en los procesos educativos.

Aunque posteriormente, en la presentación del salterio, analizaremos con profundidad las diversas características y los variados estilos poéticos, debemos señalar en esta sección que los elementos y las expresiones que distinguen este singular género literario son muchos, entre los que podemos identificar los siguientes: los detalles estructurales como el verso, la rima, la estrofa, el ritmo, la métrica y el paralelismo; las particularidades léxicas y sintácticas, con sus múltiples posibilidades de vocabulario y sus variadas alternativas retóricas. En efecto, en la poesía la literatura bíblica llega a un punto de esplendor que ha facilitado no solo los procesos educativos, sino que ha contribuido significativamente a poner en evidencia las grandes virtudes éticas y morales del mensaje escritural.

El estudio sobrio de estos poemas revela los diversos temas y asuntos que exploran, entre los que se encuentran los siguientes: himnos en honor a Dios o en reconocimiento de Sión, la ciudad santa, oraciones de gratitud o de petición, celebraciones del rey y, entre otros, cantos de peregrinación. Además, la poesía bíblica explora con intensidad el tema del amor, que se afirma no solo en la dimensión humana, sino también en la divina. En efecto, los poetas bíblicos reflexionan en torno al importante y existencial tema del amor, y lo llevan a niveles extraordinarios de belleza, donde se funden los horizontes divinos y humanos para articular el sentimiento que afirma que Dios es primordial y esencialmente amor.

Literatura sapiencial

La literatura sapiencial en la Biblia juega un papel de gran importancia teológica y pedagógica. Esas contribuciones éticas, morales, espirituales y educativas mayormente se incluyen, entre otros libros, en Proverbios, Job, Eclesiastés y algunos salmos. El corazón de estas enseñanzas y la esencia de esta literatura es presentar el arte y las formas de vivir en rectitud, justicia y prudencia. El objetivo básico de los maestros de la sabiduría en el pueblo de Israel era articular un cuerpo de instrucciones y recomendaciones que fomentara y propiciara el vivir haciendo el bien, a la vez que se evitaba el mal.

En efecto, el campo de acción de la literatura sapiencial es el práctico y concreto, no el especulativo o filosófico, pues la sabiduría intentaba contribuir positivamente a que las personas vivieran la vida con sentido de responsabilidad y dignidad al poner de manifiesto los valores y las enseñanzas que se fundamentan en la revelación divina.

Este tipo de sabiduría e instrucciones no eran vistas en Israel como algún tipo de conocimiento teórico o meramente intelectual; no eran reflexiones abstractas que llegaban luego de la investigación científica y el análisis sistemático. Al contrario, la sabiduría verdadera era una forma particular de observar, analizar y enfrentar la existencia humana, que ponía claramente de relieve, entre otros valores, la honestidad, el perdón, la prudencia, el amor, la paz, el respeto, la dignidad, el decoro y la justicia. Y en la manifestación y articulación de todos esos valores se incluyen importantes dimensiones éticas, morales, religiosas y espirituales, que tienen gran significado existencial y relevancia en este tipo de literatura sapiencial.

En la articulación de su mensaje singular, este tipo de literatura de sabiduría recurre con frecuencia a los paralelos y las contraposiciones para poner en evidencia con claridad las virtudes y los gozos de la sabiduría, y el absurdo y la arrogancia de la imprudencia. Y, entre los asuntos, las ideas y los temas que se exponen y contraponen, se encuentra de forma destacada la dicotomía entre la persona sabia y la necia, y entre la justa y la impía. En efecto, es una metodología educativa que contrasta las virtudes con los defectos, y que expone claramente la compleja dicotomía entre el bien, con sus bondades y virtudes, y el mal, con sus problemas y desafíos. Estos contrastes enfatizan y destacan la importancia de vivir la vida fundamentada en valores éticos y espirituales que permitan a las personas actuar de forma adecuada, grata, noble, prudente, efectiva y sabia ante los grandes desafíos de la existencia humana.

La sabiduría bíblica se basa principalmente en Dios. Es de fundamental importancia reconocer que la sabiduría verdadera proviene del Señor, de acuerdo con la literatura sapiencial en la Biblia y sus autores. Esa declaración filosófica y pedagógica incorpora una importante dimensión teológica y espiritual en este importante género literario en la Biblia. Únicamente Dios es sabio, y le concede gratuitamente la sabiduría a quienes se acercan ante su presencia y le aman. Y esa característica y particularidad es la que pone de relieve y afirma que la sabiduría bíblica, más que una inteligencia personal desarrollada o una comprensión intelectual adquirida, es un regalo o don que proviene única y directamente de parte de Dios.

Literatura de festivales

En la sección de los Escritos se incluyen cinco libros que se utilizan con regularidad en las sinagogas como parte de las lecturas en las festividades anuales, pues forman parte del calendario litúrgico judío. Estas obras —Ruth, Cantar de los cantares, Eclesiastés, Lamentaciones y Ester—, que provienen de diferentes contextos históricos y manifiestan variados géneros literarios, contribuyen de forma significativa a la teología bíblica, pues apuntan hacia una etapa tardía en los procesos de canonización de las Escrituras hebreas.

Estos *megillot* son libros que se leen en los festivales judíos anuales. El Cantar de los cantares se relaciona con la fiesta de la Pascua; las Lamentaciones, con el día que recuerda la destrucción de la ciudad de Jerusalén; Qohélet o Eclesiastés se asocia con la fiesta de los Tabernáculos; el libro de Ester es un favorito durante las fiestas de Purim; y el de Rut se relaciona con la fiesta de los Tabernáculos.

El libro de Rut es una joya de la narración bíblica e incorpora un tema de paz y de sobriedad en el contexto histórico de los relatos de los jueces, que tienen referencias continuas y alusiones a guerras, violencias y agresiones. La figura protagónica de la obra es una joven moabita, Rut, que decide ser fiel a su suegra, Noemí. Se pone claramente de manifiesto en la narración no solo la lealtad de Rut a las tradiciones de la familia de su difunto esposo, sino su fidelidad al Dios bíblico.

Referente al libro del Cantar de los cantares, que significa «el más hermoso o excelente de los cantares o poemas», es menester indicar que es una obra de gran valor poético y estético, que presenta de formas gráficas el amor libre y apasionado entre dos jóvenes. La profusión de las imágenes literarias y la calidad de las metáforas revelan la gran virtud artística de sus autores. Tradicionalmente el mensaje del libro no solo se ha relacionado con el amor entre dos personas, sino que es símbolo y prototipo de las relaciones profundas y especiales entre Dios y su pueblo.

Eclesiastés es el más corto de los libros sapienciales en la Biblia hebrea, y está lleno de desafíos de interpretación, de enigmas y complicaciones literarias. El nombre de la obra alude a la persona encargada de dirigir la asamblea o de enseñar o hablar ente un grupo, aunque la obra en sí, más que un discurso, es una especie de diálogo en el cual los autores reflexionan y debaten con ellos mismo en torno a los grandes temas y asuntos de la existencia humana. De singular importancia en la obra es que, aunque presenta la vida con sus diversas posibilidades y desafíos, destaca muchos elementos negativos. Se nota en el libro un sentido de pesimismo y adversidad que debe entenderse de forma adecuada antes de proceder con la tarea hermenéutica.

En torno al libro de las Lamentaciones es importante indicar que se trata de una obra poética que pone de manifiesto los dolores más intensos y las reflexiones profundas relacionadas con la crisis del exilio y la deportación de los judíos a Babilonia, luego del triunfo de los ejércitos de Nabucodonosor en Jerusalén. Aunque tradicionalmente el libro se ha relacionado con Salomón, no hay en la obra ninguna indicación explícita que confirme que el famoso rey de Israel fuera su autor.

La obra final de este grupo de rollos de gran valor litúrgico para la comunidad judía es el libro de Ester. Presenta la vida de una joven judía en el imperio persa que se convirtió en agente de salvación de su pueblo en un momento de gran crisis y dificultad nacional. Como resultado de la intervención oportuna y redentora de Ester, el libro indica cómo el pueblo judío estableció la fiesta de Purim para conmemorar esta importante liberación nacional.

La literatura apócrifa o deuterocanónica

En esta obra hemos incluido, además, una sección final breve para presentar la literatura apócrifa o deuterocanónica. El objetivo prioritario es exponer que estos libros de la tradición judía tienen importancia para la comprensión del contexto histórico y teológico de las comunidades judías antes de la era cristiana. La finalidad básica es presentar esta literatura, que en las comunidades evangélicas no se incluye en el canon, para identificar los temas que exponen, la teología que presentan y los contextos históricos en los cuales nacieron.

2

❊ El libro de los Salmos

El Señor es mi luz y mi salvación;
¿a quién temeré?
El Señor es el baluarte de mi vida;
¿quién podrá amedrentarme?
Cuando los malvados avanzan contra mí
para devorar mis carnes,
cuando mis enemigos y adversarios me atacan,
son ellos los que tropiezan y caen.
Aun cuando un ejército me asedie,
no temerá mi corazón;
aun cuando una guerra estalle contra mí,
yo mantendré la confianza.

SALMO 27.1-3 (NVI)

El salterio

Ninguna colección de poemas ha ejercido tanta influencia en la historia de la civilización occidental como el libro de los Salmos. Estos poemas bíblicos, que a la vez son oraciones y plegarias ante Dios, revelan lo más profundo de los sentimientos humanos con los cuales las personas se identifican con facilidad. La dimensión religiosa y profundamente espiritual de estas oraciones ponen de manifiesto la extensa gama de experiencias espirituales que le dan sentido de orientación y pertinencia a la vida misma.

Las palabras castellanas «salmos» y «salterio» se derivan del latín *psalmi* y *psalterium*, que a su vez provienen del griego *psalmoi* y *psalterion*. El griego *psalmos* alude a la música que viene de un instrumento de cuerdas, o inclusive puede referirse a la canción que se entona acompañada por ese instrumento. Por su parte, *psalterion* se refería originalmente al instrumento musical (Dn 3.5), aunque con el tiempo llegó a significar «colección de cánticos».

En el Nuevo Testamento se hace referencia a los Salmos como *biblos salmon* (Lc 20.42; Hch 1.20), o simplemente como *psalmoi* (Lc 24.44). Esas palabras son posiblemente la traducción al griego del hebreo *mizmor*, que se ha entendido como «un tipo particular de cántico (religioso) que se acompaña con instrumentos de cuerdas», y que se incluye unas 57 veces en el libro de los

Salmos. El título hebreo del salterio es *sefer tehilim*, que puede traducirse como «libro de alabanzas». Cinco salmos tienen en su título la palabra hebrea *tepillot*, que se traduce al castellano generalmente como «oraciones».

En la Biblia hebrea, los Salmos se incluyen en la tercera sección conocida como «Escritos», luego de la Ley y los Profetas. Esta división tripartita de las Escrituras hebreas presupone las diversas etapas de su desarrollo histórico y su crecimiento literario, además de su aceptación como literatura canónica, con autoridad religiosa, legal, espiritual y moral en la comunidad judía.

La Ley presenta el recuento inicial de las intervenciones e instrucciones de Dios en la historia del pueblo de Israel; los Profetas articulan la revelación y los desafíos divinos a la humanidad; y los Salmos, por su parte, describen el diálogo divino-humano que pone en clara evidencia las necesidades del pueblo y las respuestas de Dios.

En la sección de «Escritos», los Salmos generalmente ocupan la primera posición. Las versiones griegas y latinas de las Escrituras no siguen ese orden hebreo, pues han eliminado la división entre las secciones de los Profetas y los Escritos, y han dispuesto la literatura bíblica, posiblemente, con criterios temáticos y cronológicos. Tanto en la tradición hebrea como en la griega el libro de los Salmos o el salterio se relaciona con cánticos, particularmente con las alabanzas del pueblo hebreo ante Dios, que juegan un papel destacado en la teología y la liturgia del pueblo.

La pertinencia del libro de los Salmos se pone claramente de manifiesto al descubrir su doble identidad teológica y literaria. De un lado, los Salmos son parte integral del Antiguo Testamento o Biblia hebrea y reciben, de antemano, la gran autoridad teológica, espiritual y moral que los creyentes relacionan con las Sagradas Escrituras. Desde esa perspectiva, el libro de los Salmos se convierte en Palabra de Dios para la gente de fe, pues contiene la extraordinaria revelación divina que les orienta, desafía, educa, inspira y redarguye. Los salmos son, en efecto, *torá*, pero más que un conjunto de leyes rígidas y regulaciones estáticas son enseñanzas dinámicas y valores fundamentales que afirman, celebran y transmiten la voluntad del Señor a la humanidad.

Los salmos son, por otro lado, literatura poética, expresiones litúrgicas, experiencias cúlticas, enseñanzas espirituales, articulaciones metafóricas. Son piezas estéticas que motivan y edifican a la gente de fe; son poemas de gran sensibilidad ética que inspiran y desafían a hombres y mujeres de piedad a vivir a la altura de las exigencias morales y espirituales que se ponen de relieve al estudiar las Sagradas Escrituras. Transmiten ciertamente un aluvión de posibilidades de interpretación y de alternativas de aplicación, por esa naturaleza poética y simbólica que les caracteriza, y también porque presentan y revelan muchos siglos de vivencias espirituales y experiencias religiosas.

En el libro de los Salmos se encuentra la oración personal y la plegaria comunitaria del pueblo de Israel. Y aunque en otros libros de la Biblia se incluyen también oraciones similares, en contraposición al resto de la Escritura, los Salmos presentan esencialmente el diálogo íntimo y extraordinario de un pueblo que se presenta tal cual es ante su Dios. Los fieles llegan ante el Señor, de acuerdo con el texto de los Salmos, en medio de sus experiencias cotidianas, con sus esperanzas, frustraciones, debilidades, fortalezas, virtudes, pecados, aspiraciones, resentimientos y amores. En esta extraordinaria tradición religiosa, los Salmos no pretenden ser, como la literatura profética y la legal, enseñanzas nuevas, sino que expresan los sentimientos más hondos del ser humano, y de esa forma se convierten en desafío, al movernos a entrar en una relación grata, digna, viva, noble y transformadora con Dios.

En sus mensajes, los Salmos aluden a las complejidades de la vida, y ponen de relieve los temas prioritarios de las doctrinas bíblicas: p. ej., salvación, justicia, santidad, paz, esperanza, maldad y gratitud. Esas características hacen que los Salmos se conviertan en material indispensable para la teología, la liturgia y el pensamiento religioso. Y, por esa razón, los intentos de resumir y sistematizar la extensión de sus enseñanzas en un libro o documento, además de ser una empresa compleja y ardua, corren el gran peligro de reducir su importancia y acortar las implicaciones de sus valores.

En efecto, en el estudio crítico y científico del Antiguo Testamento la contribución del análisis del libro de los Salmos es formidable, necesaria e impostergable. Como es literatura dialogada, los salmos incluyen referencias importantes a los dos interlocutores principales del gran diálogo divino-humano. Presentan las preocupaciones más hondas y fundamentales del adorador o adoradora; y, al mismo tiempo, reflejan las más extraordinarias y relevantes respuestas divinas a esas peticiones humanas. Los Salmos articulan el discurso más íntimo del pueblo de Israel ante el Dios que se especializa en la liberación y renovación de su pueblo.

Los Salmos también son poesía. Una lectura inicial del libro revela claramente sus virtudes estéticas y demuestra su belleza literaria. Esas características, que se transmiten no solo en el idioma hebreo original, sino que inclusive se manifiestan con fuerza también en las traducciones, facilita la memorización, contribuye al proceso de educación transformadora, apoya la creatividad y evocación de nuevas ideas y ayuda a la aplicación y vivencia del mensaje. En efecto, la poesía de los salmos representa lo mejor de la literatura bíblica, y presenta, además, un tipo de teología lírica que ha inspirado a creyentes de diferentes culturas e idiomas a través de la historia de las sinagogas y las iglesias.

Tanto en la sinagoga como en la iglesia los salmos se utilizan con frecuencia en la liturgia regular. Sirven como fundamento para mensajes y enseñanzas, se recitan de forma alternada y al unísono, se usan de modelo para las oraciones de las personas que adoran, e inspiran y evocan, con su extraordinario lenguaje imaginativo, figurado y simbólico, nuevas experiencias de fe.

Traducciones y divisiones internas del salterio

Los descubrimientos del mar Muerto han puesto en manos de eruditos y creyentes nuevos manuscritos de los Salmos que anteceden, por siglos, a los que se disponían antes del 1947. Esos nuevos recursos han incentivado y propiciado mejores traducciones y estudios de los Salmos, y también han permitido la comprensión adecuada de varios versículos y capítulos, que identificaremos y explicaremos en el comentario. Además del texto hebreo de los Salmos —conocido como masorético (TM) en referencia a los eruditos judíos, o masoretas, que incorporaron en el texto hebreo el sistema de vocales en las letras consonantes antiguas—, contamos con la versión de los Setenta (LXX) —que es una traducción antigua del Antiguo Testamento al griego—, la traducción latina o Vulgata (V) —que con el tiempo pasó a ser el texto oficial de la Iglesia—, la versión al sirio o Peshita (P), las versiones griegas de Aquila (Aq), Teodocio (Teod) y Símaco (S), y las traducciones anotadas y expandidas al arameo, conocidas tradicionalmente como targúmenes (T).

Una peculiaridad en el libro de los Salmos se descubre al comparar sus ediciones hebreas (que sirvieron de base para las traducciones evangélicas y protestantes de la Biblia) y las griegas (de donde surgieron las traducciones latinas y católicas). Aunque en ambas colecciones se incluyen 150 salmos, divididas en cinco secciones mayores o «libros», la numeración de los poemas manifiesta una variación significativa. El estudio detallado del problema demuestra que los Salmos 9 y 10 son realmente un solo poema, al igual que los Salmos 42 y 43. Además, se descubre que hay algunos textos y pasajes repetidos —p. ej., Sal 14 y 53; Sal 40.14-18 y 70; Sal 108 y 47.8-12, al que se agregó Sal 60.7-14.

Los títulos hebreos o epígrafes, y los términos técnicos

La comprensión adecuada de los Salmos requiere que miremos a sus características literarias, teológicas y estructurales fundamentales, para descubrir pistas que nos ayuden en la compleja pero necesaria tarea de interpretación. Esas peculiaridades temáticas, estilísticas y canónicas de los Salmos contribuyen considerablemente a su belleza literaria y espiritual, además de ser medios para transmitir el sentido religioso de su mensaje y para afirmar los valores de sus enseñanzas. En efecto, nuestras interpretaciones del salterio se relacionan con la comprensión del carácter particular y distintivo de la poética hebrea, según se pone de manifiesto en la Biblia.

En primer lugar, los salmos tienen una serie de títulos en el idioma hebreo que desean orientar al lector o lectora sobre los temas a estudiar, y los ubican en algún entorno histórico, litúrgico o cultural de importancia para su lectura y comprensión. Respecto a estos títulos, epígrafes o suscripciones es importante indicar rápidamente que no forman parte de la composición original del salmo: fueron añadidos a través de los años para ayudar en las dinámicas cúlticas y contribuir a la formación educativa de las comunidades de fe. Tienen títulos hebreos ciento un salmos (101), mientras que el resto (49), se conocen como «salmos huérfanos», por carecer de esa peculiaridad literaria.

Un buen ejemplo de la importancia de los títulos es la distribución de los llamados Salmos de David, que se disponen con criterios externos que ciertamente pueden verificarse. Revelan, en efecto, detalles teológicos, manifiestan peculiaridades literarias, e indican prioridades temáticas. En la sección que incluye los Salmos 42-89, por ejemplo, se manifiesta una estructura casi simétrica que pone de manifiesto las preocupaciones religiosas y los intereses teológicos de los redactores y editores finales del salterio: enfatizan los salmos dedicados a David.

Sal 42-49: Salmos de los hijos de Coré
Sal 50: Salmo de Asaf
Sal 51-65, 68-70, 86: Salmos de David
Sal 73-83: Salmos de Asaf
Sal 84-85, 87-88: Salmos de los hijos de Coré

Los títulos hebreos contienen algunas claves o ideas en torno a la transmisión, dedicación o usos de los salmos. Aunque desconocemos el significado preciso de algunos de los términos que se utilizan en varios títulos, su lectura y análisis puede servir de ayuda en el proceso de evaluación de su uso a través de la historia. Generalmente, los títulos incluyen términos técnicos que se relacionan con la composición de algún salmo, con su uso litúrgico o musical, con su relación a algún personaje distinguido, o contienen referencias a varios eventos en la vida de David.

A. Términos que aluden a los compiladores o autores:

1. El término «de David», que aparece en 73 ocasiones en los Salmos, es de difícil compresión, pues en hebreo la preposición «de» puede aludir a la autoría, pertenencia, dedicación o, inclusive, tradición; además, la referencia al nombre del famoso monarca israelita puede identificar tanto al famoso rey como a su descendencia real o dinastía.

2. «De los hijos de Coré»: esta frase identifica una serie de salmos que posiblemente formaban parte del repertorio musical de la familia de Coré, que eran cantantes en la liturgia del templo de Jerusalén (Sal 42-43; 44-49; 84-85; 87-88).

3. «De Asaf»: según Esdras 2.41, Asaf era el antecesor de los cantantes del templo; y, de acuerdo con el escritor cronista (1 Cr 6.39; 15.17; 2 Cr 5.12), era uno de los músicos principales del rey David.

4. «De Salomón»: la expresión alude al hijo de David, reconocido por su sabiduría, e indica posiblemente que estos salmos se han atribuido, dedicado y relacionado con el famoso rey de Israel (Sal 72; 127).

5. «Hemán el ezraíta»: según 1 Reyes 4.31, Hemán era uno de los famosos sabios de la época de Salomón; de acuerdo con 1 Crónicas 15.17,19 —¡si el pasaje alude a la misma persona!—, era cantante en el templo de Jerusalén durante la época de David; y en 1 Crónicas 25.5 se indica que también era vidente del rey.

6. «Etán en ezraíta»: se menciona junto a Hemán en 1 Reyes 4.31 y también en 1 Crónicas 15.17,19; a él se atribuye el Salmo 89.

7. «De Moisés»: es una referencia al famoso legislador y líder hebreo, que no debe tomarse literalmente como base para indicar su autoría del Salmo 90, que también se ha dedicado a la memoria de David.

8. «A Jedutún»: este personaje era uno de los músicos principales de David (1 Cr 16.41), y puede aludir a la familia de músicos con ese nombre (Sal 39; 62; 77).

B. Términos que indican el tipo de salmo:

1. «Salmo»; en hebreo, *mizmor*: la expresión ocurre unas 57 veces en el libro de los Salmos, y es un término técnico que se utiliza en la Biblia únicamente en el salterio. Posiblemente alude a algún tipo de cántico litúrgico que debe acompañarse con instrumentos de cuerdas.

2. «Lamentación»; en hebreo, *shiggaion*: aparece únicamente en el Salmo 7, y se caracteriza porque contiene una serie variada de sentimientos de pena.

3. El término hebreo *miktam* es de muy difícil comprensión y traducción, y se encuentra en seis salmos (Sal 16; 56-60); quizá es una referencia a algún tipo de castigo o puede inclusive aludir a una joya dorada.

4. «Oración»; en hebreo, *tepillah*: se encuentra en los títulos de varios salmos (Sal 17; 86; 90; 102; 142) y describe la piedad de los adoradores; puede también relacionarse con las expresiones de lamentación del pueblo.

5. «Cántico»; en hebreo, *shir*: este es el término técnico común para aludir a los cánticos, tanto religiosos como seculares, y se encuentra en 30 salmos. La diferencia entre *mizmor* y *shir* no es clara, pues varios salmos incluyen los dos términos (Sal 65; 75; 76; 92).

6. «*Maskil*»: designa a un tipo particular de salmo (Sal 88), aunque la comprensión y traducción precisa del término no es totalmente posible. Quizá alude a algún salmo de edificación, enseñanza o meditación.

7. «Alabanza»; en hebreo, *tehillah*: alude e identifica a varios salmos de alabanzas a Dios (Sal 65.1; 119.171; 145).

8. «Cántico de amores»; en hebreo, *shir yedidot*: expresión que describe un tipo particular de salmo que afirma el amor (Sal 45).

9. «Cántico de las subidas»; en hebreo, *shir hammacalot*: la frase alude a un tipo particular de salmos que se utilizaba al subir al templo de Jerusalén (Sal 120-134).

C. *Términos de uso y finalidad litúrgicas:*

1. «Acción de gracias»; en hebreo, *todah*: estos salmos aluden a la importancia de la ofrenda de gratitud (Sal 69.30), posiblemente como expresión comunitaria. Estos salmos pueden identificarse por sus temas de acción de gracias.

2. «Penitencia»; en hebreo, *leannoth*: es posiblemente un término técnico que alude a la contrición o penitencia (Sal 88).

3. «Ofrenda memorial»; en hebreo, *lehazkir*: Es un término que alude a la ofrenda o sacrificio memorial, cuyo propósito es posiblemente recordar ante el Señor la naturaleza del dolor humano (Sal 38; 70).

4. «Cántico de la dedicación del templo»; en hebreo, *shir hanukkat habbayit*: este cántico se utilizaba en el templo para recordar la importancia de su dedicación (Sal 30).

5. «Para la enseñanza»; en hebreo, *lelamed*: la palabra alude a la importancia de la educación y destaca la finalidad pedagógica del salterio.

6. «Para el día de reposo»; en hebreo, *lesabat*: la expresión afirma la importancia del día de reposo para la comunidad judía (Sal 92).

D. *Términos musicales:*

1. «Al músico principal»; en hebreo, *lamenaseah*: este término es muy común en el salterio, aparece en 55 salmos, y también en Habacuc 3.19; y posiblemente la expresión proviene del reino del norte, Israel, que equivale «a David» en el reino del sur, Judá.

2. «Con instrumentos de cuerdas»; en hebreo, *bineginot*: posiblemente alude a la práctica de acompañar a algunos salmos únicamente con instrumentos de cuerdas, no con instrumentos de viento o de percusión (Sal 4; 6; 54; 55; 67; 76).

3. «Para las flautas»; en hebreo, *el hannehilot*: Alude a un tipo de salmo que debía ser acompañado con flautas; posiblemente se refiere a salmos de lamentación (Sal 5).

4. *Selah*: este término aparece con regularidad en los salmos, en 71 ocasiones, y tres veces adicionales en Habacuc, y es de

muy difícil traducción y comprensión. Algunas traducciones antiguas lo vierten al griego como *diapsalma*, que se piensa era un tipo de interludio o intermedio donde se cantaba otra melodía o se tocaba algún instrumento musical. La traducción latina de la Biblia, la Vulgata, generalmente no traduce la expresión; y en la tradición judía se pensaba que significaba «por siempre» o «eternamente». Otras alternativas incluyen «levantar la voz» o «cantar más alto», en referencia a la música; también, «retornar» o «doblarse a orar», en alusión a que la congregación debía postrarse ante Dios.

5. *Higgaion*: alude a algún detalle musical de difícil comprensión en la actualidad (Sal 9.16); puede ser una referencia a la bajada de la voz en el cántico del salmo.

6. «En la octava»; en hebreo, *al hassseminit*: aunque algunas personas han indicado que la expresión se refiere a que las personas debían cantar en un octavo de nota más baja, posiblemente una mejor comprensión del término es que alude a algún tipo de instrumento musical de ocho cuerdas.

7. *Haggittit*: el término es de difícil comprensión, y posiblemente se refiere a la lira o a la presa de vino (LXX) (Sal 8; 81; 84).

8. *Al mut labben:* la frase es extraña, y significa «en la ocasión de la muerte del hijo»; posiblemente es una variante o corrupción de la expresión *al alamot* (Sal 46).

9. *Al alamot*: aunque algunas traducciones antiguas la traducen como «doncellas», pues es probable que las mujeres tuvieran algún papel menor en la liturgia del templo, también puede referirse a los misterios o las cosas ocultas (Sal 46).

10. «Los lirios»; en hebreo, *al sosanim*: posiblemente es una alusión al proceso antiguo donde de descubrían oráculos al mirar los lirios, aunque también se puede referir a los lirios como símbolos del amor y la fertilidad (Sal 45; 60; 69; 80).

11. «Las flautas»; en hebreo, *al mahalat*: la expresión es compleja y muy difícil de traducir; posiblemente se refiere a las flautas, como símbolo de lamentación y dolor (Sal 53).

12. «Sobre la paloma muda de las lejanías»; en hebreo, *al ayelet hasahar*: aparece en el título del Salmo 56, y posiblemente se refiere a la forma o la tonada y el ritmo en que el salmo debía ser cantado.

13. «No destruyas»; en hebreo, *al tashet*: quizá se refiere a algún acto de la liturgia (Sal 57; 58; 59; 75), o alguna forma de cántico (Sal 65.8).

E. Notas históricas:

Algunos salmos incluyen varias referencias históricas para ubicar los poemas en el contexto de algunos episodios de la vida de David. Posiblemente estas notas fueron añadidas luego del exilio en Babilonia (véanse Sal 3; 7; 18; 34; 51; 52; 54; 56; 57; 59; 60; 63; 142), y nos brindan alguna información en torno a la interpretación y uso del salmo luego del destierro.

Composición de los salmos individuales y redacción final del libro

La historia de la redacción de los salmos individuales es extensa, y es complejo el proceso gradual de compilación de poemas hasta llegar al libro que tenemos en la actualidad. Todo comenzó de forma oral, posiblemente cuando los salmistas recitaban las oraciones para expresar sus sentimientos más significativos en torno a Dios y la vida. Esas plegarias y composiciones pasaron de generación en generación, a medida que la comunidad de fe se apropiaba de esos clamores, al entender que reflejaban sus pensamientos y sentimientos sobre las acciones de la divinidad en las diferentes esferas de la vida.

El reconocimiento de la importancia espiritual, litúrgica, literaria e histórica de los salmos se relaciona con el período en el que el pueblo de Israel inició sus experiencias de adoración como comunidad, y siguió hasta la composición del último salmo que se incorporó en el libro. Posiblemente una de las fuerzas mayores que guió la redacción y edición final del salterio se relaciona con la crisis de la caída del reino de Judá y su posterior exilio en Babilonia. Esas extraordinarias dificultades históricas produjeron en el pueblo un sentido escatológico muy serio y profundo.

La redacción y la transmisión de los Salmos en Israel formó parte de las experiencias religiosas del Medio Oriente antiguo, y los salmistas utilizaron los temas, las técnicas y las metodologías que eran comunes en ese gran entorno geográfico, histórico, religioso y cultural. Ese proceso fue largo y complejo, y se fundamentó principalmente en la importancia que la comunidad de Israel le dio a esa literatura en la adoración, y también a la afirmación que los Salmos le brindaban al pueblo en su peregrinar al futuro.

Esa importante dinámica de redacción y compilación también tomó seriamente en consideración la identificación y afirmación de la literatura que se convertiría con el tiempo en Sagrada Escritura. El libro de los Salmos es una importante antología literaria y religiosa, que contiene los poemas, las oraciones, los valores y las experiencias que sobrevivieron a ese proceso extenso e intenso de redacción, compilación y edición.

Nuestro empeño por descubrir el nacimiento de cada salmo no nos conduce necesariamente a sus autores originales, cuyos nombres propios e identidades específicas se pierden en el anonimato de la historia, el tiempo y la cultura. Las investigaciones sosegadas, los estudios sistemáticos y los análisis científicos en torno a sus orígenes nos llevan principalmente a los contextos iniciales y primarios en los cuales se utilizaron los salmos.

En torno a este particular tema de la autoría es importante indicar que el concepto contemporáneo es diferente al que se poseía en la antigüedad. En las sociedades modernas se han redactado una serie leyes que protegen a los autores y las autoras, y que proveen regulaciones adecuadas que afirman la propiedad intelectual de las personas. En el mundo antiguo, por el contrario, se desconocían esas ideas de propiedad intelectual privada, y las composiciones eran entendidas como parte de la vida y de la propiedad de la comunidad, que las utilizaba y revisaba repetidas veces a través de la historia en sus diversas actividades religiosas y culturales.

Aunque ciertamente los salmos deben haber sido compuestos por personas con gran capacidad analítica, crítica, literaria, estética y poética, los procesos sociales, religiosos y sicológicos de transmisión de información de la etapa oral a la escrita no guardaron la identidad precisa de esos personajes. Hoy únicamente tenemos los entornos culturales en los cuales los salmos eran utilizados, entre los que podemos identificar los siguientes: procesiones nacionales y festivales anuales, ceremonias de entrada al templo de Jerusalén y cánticos de peregrinación, eventos educativos, y oraciones privadas y actividades litúrgicas específicas. Algunos salmos son oraciones individuales de alabanzas o quejas, mientras que otros manifiestan los mismos temas, pero desde la perspectiva de toda la comunidad. Y aunque el proceso de redacción de los salmos se inició de forma individual, en algún momento de la historia de Israel, posiblemente después de la institución de la monarquía, comenzó el proceso de agrupar y ordenar los diversos grupos de salmos para su uso litúrgico en el templo.

En la actualidad, el libro de los Salmos se divide en cinco secciones mayores o en cinco «libros»:

Libro I: Salmos 1-41
Libro II: Salmos 42-72
Libro III: Salmos 73-89
Libro IV: Salmos 90-106
Libro V: Salmos 107-150

Cada sección o «libro» finaliza con una afirmación doxológica o alabanza a Dios (véanse Sal 41.13; 72.19; 89.52; 106.48; 150). Las atribuciones a algún personaje de gran importancia histórica y de reconocimiento y aprecio de la comunidad fueron algunos de los criterios para la compilación de los grupos (p. ej., David, Salomón y Moisés). Y otros salmos se agruparon por razones temáticas o por el uso específico que le daban en el culto (p. ej., Sal 120-134, que son denominados como de «ascenso gradual» o «peregrinación», pues se utilizaban para subir o ascender al templo).

Una peculiaridad teológica y literaria en el salterio es la preferencia del uso del nombre divino en sus diversas secciones. Los diversos «libros» del salterio o secciones se dirigen a Dios con su nombre propio y personal —p. ej., Yahvé, o Jehová en las versiones Reina-Valera—, o utilizan el nombre genérico para referirse al Señor, Elohim. Las preferencias en torno al nombre divino se presentan en la siguiente tabla:

Libro	Yahvé	Elohim
Libro I	272	15
Libro II	74	207
Libro III	13	36
Libros IV y V	339	7

Luego del primer dúo de salmos (Sal 1-2), que son una especie de introducción a toda la obra, tenemos dos importantes colecciones de poemas que se atribuyen, según sus títulos hebreos, al famoso rey David: Sal 3-41 y Sal 51-72. Una nota de gran importancia literaria y teológica se incluye al final del segundo libro, pues se indica claramente que con ese poema finalizan los salmos de David (Sal 72.20). Esa particular referencia es posiblemente una forma de indicar que en algún momento de la historia los salmos editados y compilados finalizaban con esa colección relacionada con David.

La intensión teológica del redactor final del salterio se revela al estudiar con precisión la sección que incluye los Salmos 15-24. Esta serie de poemas está dispuesta de manera simétrica o en forma de quiasmo, y en su centro estructural se revela el tema que se desea destacar: la gloria divina y la importancia de la Ley de Dios.

A. Sal 15: Liturgia de entrada
B. Sal 16: Salmo de confianza
C. Sal 17: Lamentación
D. Sal 18: Salmo real
E. Sal 19: Himno para la gloria de Dios y la Torá
D'. Sal 20-21: Salmos reales
C'. Sal 22: Lamentación
B'. Sal 23: Salmo de confianza
A'. Sal 24: Liturgia de entrada

Junto a los salmos davídicos se incluyen dos colecciones adicionales de poemas que se atribuyen a grupos de músicos que ejercían sus labores regulares en el templo de Jerusalén:

algunos se relacionan con Asaf (Sal 50; 73-83); y otros, con Coré (Sal 42-49). Estos salmos son esencialmente cánticos e himnos que reflejan la teología tradicional de alabanza y oración del pueblo de Israel, y posiblemente incorporan las tradiciones teológicas y litúrgicas del reino del norte a las experiencias religiosas del sur en Jerusalén.

En el proceso de compilación del libro de los Salmos, el segundo grupo de salmos de David se incorporó luego de los salmos de Coré, y los salmos relacionados con Asaf se ubicaron posteriormente para seguir al Salmo 72, y así formar un conjunto de poemas (Sal 42-83) que pasó por un proceso de revisión estilística de gran importancia teológica y literaria. En muchas ocasiones, el nombre propio de Dios en hebreo —Yahvé o Jehová, en la tradición de revisiones Reina-Valera— en esa sección del salterio se cambió por la referencia general al Señor —en hebreo, Elohim o Dios—, posiblemente para afirmar el monoteísmo radical e indicar que el Dios bíblico era el Señor no solo del pueblo de Israel, sino de toda la tierra. A estas composiciones, conocidas como salmos eloístas, se añadió otra colección de salmos de Coré (84-89) para finalizar la tercera sección del libro. Estas colecciones de salmos de David, Asaf y Coré, posiblemente, formaron la base inicial que posteriormente se convirtió en el libro de los Salmos, como lo conocemos el día de hoy.

Las secciones finales de la colección de salmos bíblicos se formaron posiblemente con criterios teológicos particulares o con prioridades litúrgicas específicas. Como es el caso en los manuscritos descubiertos en el mar Muerto, los Salmos del 90 al 150 en manuscritos diversos se encuentran en diferentes secuencias. Posiblemente, para la época de la redacción de los documentos de Qumrán (c. 150 a. C.-100 d. C.), todavía la colección canónica de salmos no había tomado su forma final y definitiva. Varios grupos de salmos, en esta parte final de compilación del salterio, tienen temas en común: p. ej., cánticos de ascensión al templo (Sal 120-134); himnos que celebran el reinado del Señor (93; 95-99); y tres secuencias de salmos de alabanzas o de aleluyas, conocidos como «salmos hallel» (Sal 111-113; 115-117; 146-150).

Para finalizar el libro de los Salmos se incluyen dos doxologías: la primera para separar la cuarta sección de salmos de la quinta (Sal 106.48); y la segunda (Sal 150), para completar y cerrar el libro con un tono de alabanza y adoración.

El arreglo actual del libro de los Salmos responde a las necesidades religiosas de la comunidad judía postexílica. Los salmos que se incluyen en el canon bíblico sirvieron para proclamar los sentimientos religiosos más importantes de la comunidad de fe judía. Esos cánticos contienen el recuento de las experiencias religiosas más significativas del pueblo de Israel, que a su vez fueron utilizadas por la iglesia cristiana primitiva para comunicarse con el Dios eterno, padre y Señor de Jesús de Nazaret. De esa forma, el libro de los Salmos se convirtió en recurso para el culto público y privado, y en fuente de autoridad teológica y espiritual para los creyentes y las comunidades de fe, judías y cristianas.

Mujeres salmistas

Para la comprensión adecuada del salterio debemos tomar en consideración las contribuciones de las mujeres a la liturgia y las ceremonias religiosas antiguas. En los anales pictóricos provenientes de Egipto y Asiria se pone claramente de manifiesto la participación destacada de las mujeres como bailarinas, cantantes e instrumentistas. Además, aunque los autores de los antiguos himnos sumerios generalmente no son identificados, un muy importante y revelador ciclo de 42 poemas y cánticos, que destaca de forma extraordinaria las virtudes de sus templos y divinidades, es atribuido a la princesa Enheduanna, hija del rey Sargón, que es descrita como una poetisa virtuosa.

A esta realidad internacional, que se revela del estudio sistemático de la literatura del antiguo Oriente Medio, debemos añadir el gran valor que se daba en la sociedad israelita a las mujeres cantantes. Sabemos por el testimonio bíblico que cantaban en ceremonias fúnebres (2 Cr 35.25), y que también participaban de eventos de importancia en el palacio real (2 S 19.35). Inclusive, algunas mujeres fueron enviadas como parte del tributo que Judá pagó a los asirios para salvar la ciudad de Jerusalén en la crisis del 701 a. C. Posiblemente estaban organizadas en grupos, como se desprende del relato que identifica a un grupo de 200 cantantes que llegó del exilio (Esd 2.65).

De acuerdo con esta información, por lo menos durante el período de la monarquía había participación destacada de mujeres en las ceremonias que se llevan a efecto en el templo, posiblemente como cantantes e instrumentistas. Estaban en la importante tradición de María la profetisa, que inspiró a un grupo de mujeres a cantarle al Señor un himno de triunfo con panderos y alabanzas, y danzar de alegría ante las intervenciones salvadoras de Dios con el pueblo de Israel (Ex 15.20-21). Las mujeres salmistas siguen el ejemplo de Débora, que a la vez era jueza y profetisa, que inspiró y entonó uno de los himnos de triunfo más importante en la historia del pueblo de Israel (Jue 5.1, 7). En esa misma vertiente poética e hímnica está Ana, la madre de Samuel, que se allega al santuario de Silo a presentar sus ofrendas y votos, y canta un himno al Señor que es una especie de anticipación al reinado del Mesías (1 S 2).

El salterio recoge esas importantes contribuciones de mujeres a la vida cúltica del pueblo, y las incorpora en una gran ceremonia y procesión de alabanzas al Señor, en la que participan también un grupo de cantores y músicos. Y, en medio de esa algarabía de entusiasmo y celebración, se identifican a las mujeres que van cantando con panderos y con gestos de gratitud y felicidad (Sal 68.25). Esas contribuciones femeninas le añadían a las ceremonias entonaciones vocales complementarias y movimientos rítmicos alternos al que producían sus compañeros varones, y de esa forma contribuían positivamente a la belleza estética de las celebraciones.

El texto hebreo de los Salmos

Al igual que el resto del Antiguo Testamento, el texto hebreo del salterio fue fijado con sus consonantes mediante el trabajo de los escribas judíos del siglo I d. C., y desde entonces ese texto ha sido preservado con bastante fidelidad a través de los siglos. Posteriormente, con el trabajo esmerado de un grupo de estudiosos judíos conocidos como los masoretas, se le añadió a los manuscritos consonánticos los signos vocálicos, que facilitaban la pronunciación, lectura y comprensión de las Escrituras Sagradas. Las traducciones que se hacen del salterio en la actualidad generalmente utilizan con seguridad ese texto hebreo. En efecto, una vez se fijó por escrito el texto hebreo de los Salmos, su transmisión y preservación fue bastante buena.

Sin embargo, antes de esa importante fijación textual, la historia de la transmisión de los salmos de forma oral fue compleja. Por muchos años los salmos se transmitían de generación en generación de manera oral, y estaban abiertos a adaptaciones, revisiones y añadiduras. A estas realidades de transmisión oral, que con el tiempo se hicieron por escrito, es que se deben la duplicación de algunos salmos —p. ej., Sal 14 y 53; Sal 40.14-17 y 70; Sal 57.8-12 y 108.2-6; Sal 18 y 1 S 22; Sal 105.1-15, junto al 96, y 1 Cr 16.8-36—, y las diferencias en las lecturas y la comparación de los salmos masoréticos con los de Qumrán y la Septuaginta. Además, a esos largos y complejos procesos de transmisión oral y literaria debemos añadir las dificultades que se relacionan con los errores y las revisiones de los copistas —¡trabajan en condiciones no ideales!—, el deterioro natural de los manuscritos —¡tanto por el uso continuo como por el tiempo!—, y los cambios en la grafía hebrea a través de la historia.

El libro de los Salmos también enfrentó desafíos extraordinarios de supervivencia en la historia del pueblo de Israel. La experiencia de la destrucción del templo y la posterior deportación de los judíos a Babilonia debió haber sido traumática para la comunidad y para las autoridades religiosas. De acuerdo con algunas fuentes literarias antiguas (2 Mac 2.13), Nehemías se esforzó por recoger y coleccionar nuevamente los manuscritos sagrados, particularmente los de David, en referencia a los Salmos. Posteriormente en la historia, Antíoco IV Epífanes (167-164 a. C.) intentó destruir los libros sagrados de los judíos (2 Mac 2.14). Por todas esas vicisitudes históricas y literarias, el libro de los Salmos presenta algunas variantes importantes que, aunque no afectan a la integridad teológica y el valor religioso del libro, presentan a los estudiosos desafíos formidables.

Las traducciones antiguas del salterio fueron importantes en la difusión y el uso de los salmos. La de mayor importancia es la Septuaginta, en el griego *koiné*, que fue utilizada en la liturgia tanto en las iglesias de Oriente como en las de Occidente hasta mediados del siglo II d. C. La Vetus Latina contenía los salmos traducidos al latín que se utilizaban en África y Roma desde el siglo II d. C., y sirvió de base para las revisiones y traducciones de San Jerónimo hechas en Belén a partir del 387 d. C.

Los manuscritos de los Salmos nos permiten ver algunas dimensiones históricas de la vida del pueblo de Israel que no debemos obviar ni ignorar. Aunque la finalidad principal del salterio es litúrgica y teológica, de la lectura de sus poemas se descubren algunos aspectos históricos que nos ayudan a comprender mejor la vida del pueblo de Israel. Los clamores del pueblo y sus reflexiones sobre los desafíos que debían enfrentar les permitieron describir la vida con sus virtudes y complejidades.

Una lectura atenta de los salmos nos ayuda a comprender esa dimensión histórica de la realidad humana. Los salmos aluden a la trágica experiencia de la caída de la ciudad de Jerusalén, la dolorosa deportación de los judíos, y la angustia de vivir en el exilio babilónico (Sal 137), y también comenta en torno a las dinámicas militares de la antigüedad (Sal 5; 18; 20; 21; 35; 44; 46). Desde la perspectiva económica, el salterio puede ser una buena fuente de información valiosa, pues describe algunas dinámicas fiscales de importancia en la antigüedad (Sal 15.5; 45.8; 48.8; 107.23). Y para las personas interesadas en la liturgia y la música los salmos pueden ser una fuente importante de información, pues estos poemas surgen de esos contextos cúlticos de celebración, piedad y alabanzas (Sal 22.26; 50.14; 61.9; 65.2; 66.13; y también 33.2; 57.9; 92.4; 98.5-6; 108.3; 149.3; 150.3-5).

Los géneros literarios

La interpretación adecuada del salterio se relaciona íntimamente con el análisis y la comprensión de sus géneros literarios. El libro de los Salmos no es el resultado del azar teológico, ni es el fruto de la compilación fortuita de salmos sueltos: es el esfuerzo de muchos años y siglos de experiencia religiosa y litúrgica, que se integran paulatina y ordenadamente para crear una antología extraordinaria de cánticos y oraciones. El salterio tiene integridad literaria, presenta objetivos teológicos definidos y manifiesta prioridades religiosas precisas. La evaluación e interpretación de cada unidad debe hacerse a la luz de la obra como un todo. Cada salmo debe analizarse considerando el resto y la totalidad del libro, pues los objetivos pedagógicos de la obra se ponen de manifiesto en los temas y asuntos que se presentan e incorporan en cada unidad.

La metodología dominante en el estudio de los Salmos comienza con la evaluación precisa y sosegada de sus géneros literarios. El método prioritario de análisis del salterio se inicia con la ponderación sobria y cautelosa de sus formas de comunicación y expresión literarias. Esta metodología permite ubicar al salmo en su particular entorno literario, y prepara el camino para la identificación del contexto histórico y litúrgico en el cual el salmo se utilizaba en la antigua comunidad litúrgica de Israel.

Para la comprensión adecuada de algún salmo específico es necesario, hasta donde sea posible, determinar las particularidades literarias que lo distinguen y las dinámicas cúlticas que le rodeaban. De esa forma la persona estudiosa de este tan importante libro de la Biblia puede relacionar el salmo analizado con otros poemas representantes del mismo género y distinguir el contexto histórico y cultual en el cual el salmo se desarrolló. Se pueden distinguir de esa manera las prioridades teológicas, metas educativas y particularidades litúrgicas de esa literatura.

Lo que se conoce comúnmente como el «tipo» o la «forma» de salmo es en realidad su género literario. Ese género literario de los salmos se refiere específicamente a un grupo de textos que muestran similitudes en su contenido temático y teológico, estructura literaria y estilo, y fraseología. La identificación del género nos permitirá analizar e interpretar adecuadamente el salmo; además, esa comprensión nos permite entender otros salmos del mismo género.

En el libro de los Salmos pueden distinguirse, por lo menos, cinco géneros literarios mayores y varios menores. Estos géneros incluyen una serie de componentes literarios característicos que los identifican y particularizan.

A. Súplicas individuales de ayuda:

Este tipo de salmo es el más popular del salterio. Presenta a un individuo que está asediado por una serie intensa de problemas y calamidades, y ora a Dios por ayuda y apoyo. Estas plegarias son lamentos que ponen de manifiesto el estado anímico y la necesidad espiritual de la persona que clama. Posiblemente se utilizaban en el templo en el contexto de las celebraciones litúrgicas, cuando el adorador se presentaba ante Dios en momentos de crisis personal, familiar o nacional —p. ej., 3; 5-7; 9-10; 13;17; 22; 25-28; 31-32; 35; 38; 39; 41-43; 51; 54-57; 59; 61; 64; 69-71; 77; 86; 88; 102; 130; 140-143—.

Las oraciones de súplica o lamentación presentan el grito y el clamor más hondo del salmista, que se siente angustiado y perseguido, y reconoce que únicamente en Dios está su esperanza. En el momento de la calamidad estos salmos son vehículos de liberación y salud mental y espiritual para las personas que pueden confiar únicamente en el Señor.

Las quejas y angustias más comunes que se ponen de manifiesto en este tipo de salmo son las siguientes:

• Preocupación por sus propios pensamientos.
• Dolor por sus acciones y comportamiento.
• Respuesta a los ataques de los enemigos.
• Frustración por la actitud de Dios ante sus dolores y sufrimientos.

Los elementos característicos de estas súplicas son varios, aunque no se presentan en el mismo orden en todos los salmos.

Los que escribieron los salmos utilizan estos recursos de forma creadora, y no siguen el mismo patrón ni incluyen los elementos identificados en todos. Es importante recordar, al analizar estos géneros literarios, la naturaleza poética y creativa de los salmos, que le permite al autor manifestar sus sentimientos, evocar nuevas ideas y presentar sus enseñanzas con licencia o libertad literaria.

Estas súplicas presentan las siguientes características:

• Están escritos en primera persona del singular, y expresan la petición de ayuda Dios en forma directa.
• El adorador, que se identifica como «siervo del Señor», suplica a Dios y reclama su ayuda.
• El salmo describe la calamidad y presenta la necesidad del adorador en su relación con Dios, en las dinámicas con otras personas y consigo mismo. Generalmente el problema se articula en tres categorías: enfermedades físicas y sicológicas, acusaciones y traiciones de vecinos y familiares, y conflictos armados, tanto locales como nacionales e internacionales.
• La petición se complementa con afirmaciones que indican por qué Dios debe escuchar la plegaria. De particular importancia en estos salmos es que el adorador apela al amor y a la naturaleza misericordiosa de Dios.
• El salmo incluye también afirmaciones diversas de confianza en el Señor y confesiones de fe.
• Generalmente finalizan con algunas promesas de sacrificio o alabanzas al Señor.

B. Cánticos individuales de gratitud:

Estos salmos presentan una expresión de gratitud a Dios por su intervención extraordinaria en medio de la calamidad (Sal 34). Generalmente la oración se articula de forma directa a Dios, y se comunica como un testimonio público de acción de gracias sobre la capacidad divina de intervención en crisis. Estos cánticos son la contraparte litúrgica de las súplicas individuales de ayuda, y generalmente finalizan con una promesa de alabanza y de sacrificios (Sal 107).

Las alabanzas y agradecimientos a Dios se encuentran en diversos tipos de salmos. De particular importancia es la gratitud que responde a algún lamento o queja, pues es una manera de anticipar la intervención salvadora del Señor. El presupuesto teológico del salmista es que Dios tiene la capacidad y el deseo de escuchar su clamor, y cuando recibe la respuesta divina expresa nuevamente su gratitud.

El contexto litúrgico del salmo es posiblemente la presentación de un sacrificio de gratitud en el templo (Sal 30; 116). Y los elementos típicos y particulares de esta categoría de salmos son los siguientes:

• Alabanzas que se presentan a Dios que afirman que ante las peticiones de ayuda el Señor escuchó el clamor del adorador.
• Se llama a la comunidad a unirse al cántico de gratitud y adoración como testimonio de la intervención divina.
• Se presenta la alabanza y el sacrificio a Dios para cumplir la promesa hecha en el momento de la aflicción y dolor.

C. Peticiones de ayuda de la comunidad:

Cuando la crisis amenaza no solo al individuo sino a la nación, entonces se articulan oraciones colectivas de petición de ayuda y apoyo. Muchas de ellas se relacionan con la colección de Asaf, y describen situaciones terminales en la que un ejército poderoso y superior amenaza la seguridad de la ciudad de Jerusalén, anuncia la destrucción del templo y atenta contra la existencia misma del pueblo de Dios.

Los elementos distintivos que se incluyen en estas plegarias son similares a las que aparecen en las peticiones de ayuda individuales, con dos particulares excepciones: en primer lugar, la comunidad es la que clama al Señor; y, en segunda instancia, en la petición el pueblo evoca las antiguas intervenciones de Dios que salvan y liberan a Israel.

Estas oraciones tienen gran importancia educativa en el salterio, porque articulan algunas de las afirmaciones teológicas en torno al pueblo de Israel más importantes en la Biblia: ¡revelan las formas en que Dios interviene con su pueblo a través de la historia! Estas plegarias ponen de manifiesto las voces de un pueblo que sabe cómo dialogar con Dios para recibir la respuesta adecuada en el momento oportuno.

• El elemento definitivo de estas oraciones son las peticiones de ayuda y los reclamos a Dios para que escuche el clamor de la comunidad.

• Las descripciones de la crisis revelan la ausencia o ira de Dios, el sufrimiento y humillación del pueblo, y el poder y la arrogancia de los enemigos.

• Para apoyar las peticiones, el pueblo apela al honor y la gloria de Dios, y también incentiva que la comunidad manifieste su compromiso y confianza en el Señor.

• Las oraciones afirman las intervenciones divinas en medio de la historia del pueblo, inclusive ponen de manifiesto la obra extraordinaria de Dios en la creación del mundo.

• El pueblo promete alabar a Dios como resultado de su ayuda en la dificultad.

D. Los himnos:

Los himnos en el salterio son cánticos de alabanza exuberantes en los que Dios es el único sujeto de la adoración. El propósito básico de estos salmos es adorar y alabar al Señor; la finalidad primordial es manifestar el regocijo por la bondad divina; y el carácter fundamental es ensalzar la grandeza y el poder de Dios. Y aunque ciertamente hay algunas alabanzas a Dios en las oraciones o súplicas individuales de gratitud por alguna experiencia de liberación, el elemento fundamental e indispensable de los himnos es la alabanza —p. ej., 8; 19.1-7; 29; 33; 68; 95; 100; 103-105; 111; 113-115; 117; 135-136; 145-150—.

En el catálogo de himnos del salterio se pueden identificar varias subdivisiones, entre las que encuentran las siguientes: cánticos de Sión (p. ej., Sal 84), salmos de entronización (p. ej., Sal 96) e himnos de procesiones (p. ej., Sal 84).

El lenguaje teológico de los himnos es de gozo y gratitud, y también de reconocimiento del poder divino y su misericordia. Los himnos, además, indican lo que Dios es, lo que hace y lo que tiene la capacidad y el deseo de hacer con su pueblo. Los himnos representan en el arca del Pacto la figura invisible de Dios, y de esa forma se da espacio y realidad a la naturaleza eterna de Dios. Los himnos se entonaban en las liturgias y celebraciones de las grandes fiestas nacionales del pueblo de Israel.

El análisis de los componentes de la expresión de adoración «aleluya» puede brindarnos una pista para la comprensión de los himnos que se incluyen en los salmos. La palabra incluye el imperativo hebreo en plural, *hallelu*, que llama y reclama la adoración, al que se le ha unido la forma abreviada del nombre hebreo personal de Dios, *Jah* —que es la abreviatura de Yahvé o Jehová—. De esa forma, «aleluya» es la transliteración al castellano de la expresión hebrea que esencialmente significa «¡Adoren al Señor!».

Los himnos son oraciones directas de alabanza que la gente piadosa y santa presenta ante Dios. El contenido de esas oraciones afirma la naturaleza extraordinaria de Dios, y se incentiva a la comunidad a alabar también el nombre del Señor, que es una manera simbólica y poética de exaltar y reconocer su naturaleza santa y misericordiosa. El nombre divino representa su naturaleza y esencia, identifica su ser íntimo y particular, pone de manifiesto su poder y misericordia, enfatiza su justicia y santidad.

La siguiente petición condensa de forma adecuada la naturaleza y la extensión de los himnos en el salterio:

«Aleluya. Alabad a Jehová, porque él es bueno;
porque para siempre es su misericordia» (Sal 106.1).

Esta alabanza y petición —que se utiliza tanto en introducciones de salmos como en la afirmación de la bondad divina— pone de relieve los dos elementos sustantivos e insustituibles de los himnos: el llamado a la alabanza y el fundamento de esa expresión de adoración al Señor. Se alaba al Señor por su bondad y su misericordia, que son atributos divinos entendibles para el pueblo. La base para la alabanza a Dios no es la especulación filosófica ni la calistenia académica, sino el reconocimiento de su bondad y la afirmación de su amor.

Aunque en el salterio se incluyen diversos tipos de himnos, la mayoría comparte la siguiente estructura básica:

* Comienza con un llamado a la alabanza al Señor.
* Se expanden, posteriormente, las razones por las que se debe alabar al Señor.
* A menudo, los himnos finalizan con más alabanzas y agradecimientos a Dios.

E. Salmos de educación:

La finalidad pedagógica de los salmos se pone de relieve de varias formas. El objetivo es incentivar la confianza en el Señor; la meta es propiciar la obediencia a Dios; el propósito es afirmar los valores morales, espirituales, culturales, políticos y religiosos revelados a través de las Sagradas Escrituras al pueblo de Israel. *Torá*, en hebreo, es más que ley rígida escrita; en efecto, es enseñanza, educación, instrucción, pedagogía. En estos poemas educativos, que generalmente son antologías de temas y estilos, el salmista exhortaba a la comunidad y les advertía de los peligros de la infidelidad, a la vez que celebraba las virtudes de la vida piadosa, sabia, justa y santa ante Dios y la comunidad.

En ocasiones, algunos salmos se denominan de sabiduría o sapienciales porque se disponen en un estilo literario similar al que se incluye en los libros de Proverbios, Eclesiastés y Job. En este sentido es importante indicar que el contexto en el cual el salmo era utilizado no era el entorno escolar o académico, sino el culto en el templo, donde se afirmaban las virtudes de las enseñanzas de la ley de Moisés y los desafíos del mensaje de los profetas de Israel. Estos salmos revelan un período importante de la historia de Israel, cuando se utilizaba el culto para afirmar los procesos educativos del pueblo. Otros salmos en esta categoría enfatizan las enseñanzas y la teología de los profetas (Sal 82).

Algunos de los estilos más frecuentes de este tipo de salmos son los siguientes:

- Declaraciones cortas que intentan exhortar, advertir o afirmar alguna enseñanza de importancia para el pueblo.

- Poemas alfabéticos o acrósticos que se organizan siguiendo la secuencia del alfabeto o alefato hebreo (p. ej., Sal 9-10; 25; 33; 34; 37; 111-112; 119; 145). Estos salmos intentaban contribuir al proceso educativo mediante el apoyo a la dinámica de memorización.

- Los salmos que presentan bienaventuranzas —en hebreo, *'ashre*— son importantes, pues subrayan la importancia de vivir de acuerdo con los principios morales, espirituales y éticos que se incluyen en la literatura mosaica y profética (p. ej., Sal 1).

- En algunas ocasiones, en estos salmos los testimonios personales y el recuento de las intervenciones de Dios apoyan y convalidan la enseñanza (p. ej., Sal 32; 34; 37; 73; 94).

F. Salmos reales:

Los salmos reales son los poemas del salterio que tienen como argumento predominante la figura del rey o de la dinastía real del antiguo Israel —p. ej., Sal 2; 18; 20; 21; 45; 72; 89; 101; 110; 132; 144—. Y aunque no constituyen un género literario específico, propiamente dicho, se incluyen en una categoría particular por la naturaleza del tema que articulan y por las interpretaciones que han recibido estos poemas a través de la historia, tanto judía como cristiana. En términos estilísticos, los salmos reales incluyen himnos, súplicas y acciones de gracias, pero manifiestan en común un definido interés por la vida y las actividades del monarca israelita, pues revelan la ideología real que se pone de relieve a través de todo el Antiguo Testamento.

En la comprensión e interpretación de estos salmos debemos tomar muy seriamente en consideración la relación íntima que desarrolló el pueblo de Israel entre el monarca davídico histórico y el rey mesiánico esperado en un futuro no determinado. En la lectura atenta y el análisis ponderado de estos salmos se debe ser consciente de esa importante ligazón teológica, pues se pone de relieve en estos poemas que más allá del monarca histórico del pueblo, la comunidad esperaba al Mesías, que es la idealización extraordinaria de las virtudes de los reyes históricos. La iglesia cristiana, siguiendo esa antigua tradición interpretativa, vieron en estos salmos claras referencias a Cristo, e interpretaban estos poemas no solo como salmos reales, en el sentido histórico del término, sino como literatura mesiánica. Y si estos poemas fueron redactados finalmente luego del destierro en Babilonia, cuando la institución de la monarquía había cesado en Israel, entonces esta interpretación mesiánica del salterio tiene un gran fundamento teológico e histórico.

Entre los temas más importantes que se exponen en estos salmos se encuentran los siguientes:

* La magnificencia de la figura del rey (Sal 21.6; 45.3-4, 9-10; 72.8-11).
* El favor divino que disfruta el rey (Sal 2.7; 89.27-18).
* Plegarias a Dios en favor del rey (Sal 72.15).
* Oráculos divinos que favorecen al rey (Sal 110.1).

G. Salmos imprecatorios:

En el salterio se encuentra un grupo de salmos que requiere atención particular por la naturaleza del tema que presentan y por las implicaciones de su teología para la iglesia cristiana. Esos poemas (p. ej., 35; 69; 109; 137), conocidos como salmos imprecatorios o de maldiciones, resultan extraños en el contexto educativo y teológico del mensaje y las enseñanzas de Jesús. Sus clamores, en efecto, pueden manifestar venganzas, resentimientos y hostilidades, que son sentimientos ajenos a los reclamos de amor y perdón del evangelio.

En ocasiones, los salmistas, al encontrarse totalmente indefensos ante los avances despiadados de la maldad, injusticia, violencia y opresión, no solo clamaban al Señor, a quien reconocían como fuente absoluta de liberación y esperanza, sino que suplicaban a Dios que hiciera caer los peores males sobre sus enemigos. De esa forma se presentan algunos salmos y se articulan varias oraciones que unen sus suplicas más intensas con las imprecaciones o maldiciones más violentas y radicales (p. ej., 58.6-11; 83.9-18; 109.6-19; 137.7-9). Algunas de las imprecaciones revelan, inclusive, un deseo ardiente de guerra, pues manifiestan una muy seria actitud de venganza contra los enemigos; son clamores intensos que suplican la implantación de justicia en momentos de angustia extrema y necesidad absoluta.

La comprensión adecuada de estos poemas debe tomar en consideración el entorno teológico de esa época, en la cual no se habían desarrollado plenamente los conceptos de vida eterna y perdón que se ponen de manifiesto en los escritos del Nuevo Testamento (Mt 5.43-48; Ro 12.17-21). De acuerdo con la religión de los antiguos israelitas, las buenas y las malas acciones de las personas debían ser recompensadas en la vida, y la gente malvada debía recibir el merecido de sus acciones y castigos antes de morir. Esa convicción ponía claramente de manifiesto la importancia y necesidad de la justicia divina, que retribuía a las personas de acuerdo con sus acciones en la vida. Y, fundamentados en esas convicciones, los salmistas solicitaban ardientemente al Señor las manifestaciones claras de esa justicia divina.

La iglesia cristiana, sin embargo, ha reconocido en estos salmos imprecatorios un deseo genuino de implantación de la justicia. El amor hacia los enemigos no debe ser de ninguna manera indiferencia hacia el mal o rechazo de sus raíces, sino una afirmación de fe que celebra la capacidad divina de transformación y renovación. En efecto, el Dios bíblico tiene la capacidad y el deseo de «hacer nuevas todas las cosas», pues está interesado en establecer «un cielo nuevo y una tierra nueva», donde «ya no habrá más muerte, ni habrá más llanto ni clamor ni dolor, porque las primeras cosas ya pasaron» (Ap 21.1-4).

El amor al enemigo desde la perspectiva cristiana no tiene como finalidad ignorar sus maldades ni aceptar sus actitudes malsanas: solo le brinda una oportunidad de arrepentimiento. Los salmos imprecatorios son expresiones que intentan, de un lado, expresar con sinceridad y firmeza el dolor más intenso y las frustraciones más hondas que siente la gente de fe ante las calamidades y adversidades de la vida. Y, del otro, imploran con valor la manifestación de la justicia del Señor, que es capaz de redimir y transformar no solo las realidades adversas que rodean a los creyentes, sino que puede intervenir para que las personas injustas que han ocasionado los problemas y las injusticias reciban de Dios el trato adecuado por sus maldades.

H. Otros tipos de salmos:

Además de los géneros literarios mayores que se han identificado y presentado, el salterio incluye una serie importante de salmos que no siguen los patrones generales de la literatura anterior.

- Algunos presuponen las ceremonias de procesión y entrada al templo (Sal 15; 24; 118).
- Otros utilizan el estilo literario y legal que se usaba en las cortes de justicia (Sal 50; 82).
- Varios son conocidos como penitenciales (p. ej., Sal 51) y mesiánicos (p. ej., Sal 110).
- Y también en los Salmos se encuentran varios cánticos que entonaban los peregrinos al llegar a Jerusalén y ascender al templo (Sal 120-134).

Teología en los salmos

Como el libro de los Salmos presenta en sus poemas la vida misma en sus diversas manifestaciones —y como también ponen en evidencia sus complejidades sociales, económicas, religiosas, sicológicas, políticas y espirituales—, la teología que articula no es sistemática ni especulativa. La teología y el conocimiento de Dios en el libro de los Salmos emergen de las vivencias cotidianas del pueblo, y surgen en medio de las relaciones diarias de la comunidad, en las cuales puede verse manifestada la acción divina. Ese tipo de teología —que muy bien puede catalogarse como «inductiva», «popular» o «contextual», en el mejor sentido de esas palabras e ideas— toma seriamente en consideración el panorama complejo y amplio de la vida, y pone de relieve los temas y asuntos que tienen gran importancia existencial para el pueblo de Israel y para sus líderes religiosos.

Y como uno de los asuntos de más importancia en la vida es la felicidad, los dos primeros salmos presentan y exploran ese fundamental tema de forma destacada, e identifican y subrayan el tono teológico y el propósito pedagógico de la obra: «Es bienaventurada la gente que...» (Sal 1.1). La persona feliz, dichosa, alegre y bienaventurada es la que confía en el Señor y no presta atención a los malos consejos. Esas personas son las que descansan y meditan en la «Ley del Señor», que en el idioma hebreo más que reglas inflexibles y reglamentos áridos significa «instrucciones» o «enseñanzas».

El segundo salmo continúa ese tema de la felicidad verdadera y añade el elemento del «refugio» (Sal 2.12), que pone en evidencia clara los temas de la confianza y la seguridad en la presencia divina. Los hombres y las mujeres felices son los que incorporan las enseñanzas divinas al estilo de vida, y los que se refugian en el Señor en el momento de la dificultad.

Desde el comienzo mismo del libro, los Salmos revelan asuntos teológicos, existenciales y religiosos de importancia capital. Y uno de ellos es que la felicidad plena en la vida se relaciona con las alabanzas a Dios y con el reconocimiento y la aplicación de sus enseñanzas. En el Salterio se afirma continuamente que la alabanza y las oraciones generan dinámicas de esperanza, salud, bienestar y liberación en los creyentes. Y esas manifestaciones divinas, que producen en las personas sentido de futuro, seguridad y porvenir, se fundamentan en la naturaleza de Dios, que se pone en clara evidencia en su nombre.

La importancia del nombre personal de Dios en el libro de los Salmos no puede ignorarse ni subestimarse. En efecto, el nombre divino revela un extraordinario sentido de identidad, pertinencia y pertenencia (véanse Sal 8; 66; 68; 69; 92; 113; 145), pues son sus intervenciones históricas en medio de las vivencias del pueblo las que hacen que la comunidad le adore y le sirva. El Dios del salterio es Yahvé —Jehová en las traducciones Reina-Valera—, que también es el Dios de Abraham y Sara, de Moisés y María, y de David y Rut; además, es el Dios de los profetas, y el Señor que intervino en la historia de su pueblo en Egipto, el desierto, el exilio y el período de la restauración. En los Salmos

Dios nunca es visto o entendido como una divinidad menor, sino como el Señor «rey de Sión, su santo monte» (Sal 2.4-6). En efecto, el nombre del Señor comunica lo fundamental del misterio y de la maravilla de la revelación divina, pues transmite las ideas teológicas básicas de vida, identidad, presencia y permanencia.

La importancia del nombre de Dios en el salterio salta a la vista al descubrir las repetidas veces que se utiliza. ¡En ningún otro libro de la Biblia el nombre divino es utilizado con tanta frecuencia! En 691 ocasiones se usa la grafía hebrea larga de *Yahvé* —o Jehová, en Reina-Valera—; en 40 instancias se emplea la manera abreviada de *Yah*; y en otras 437 veces se alude a las diversas formas de *El, Elohim o Eloah*. A esas importantes referencias debemos añadir los numerosos epítetos divinos, que destacan algún componente fundamental de su extraordinaria naturaleza: p. ej., Señor, Padre, Madre, Roca, Refugio, Pastor, Omnipotente, Altísimo, Justo y Rey.

Las diversas metáforas que utilizan los poetas bíblicos para referirse a Dios se relacionan íntimamente con el desarrollo social, religioso, político, espiritual y económico del pueblo a través de los años. De acuerdo con los estudiosos y eruditos de la simbología religiosa, las percepciones de las divinidades antiguas se asocian directamente con las transformaciones comunitarias; es decir, que los autores antiguos imaginaban sus dioses de acuerdo con sus experiencias de vida. La cotidianidad jugaba un papel protagónico en el desarrollo de la imaginación y la creatividad literaria.

En primer lugar, hay imágenes que se relacionan con la vida agraria y nómada del pueblo, y asocian a las divinidades con los aspectos físicos e incontrolables de la naturaleza —p. ej., rocas, astros, agua, tormentas, fuego—, y los describen como fuertes e impredecibles. Posteriormente, cuando los grupos nómadas se hacen sedentarios y desarrollan ciudades-estados, las ideas en torno a las divinidades se relacionan con las imágenes de reyes, guerreros, soberanos, o con los conceptos de poder, autoridad, firmeza, violencia. Finalmente, las sociedades, cuando se desarrollan aun más, con el paso del tiempo enfatizan los algunos componentes fundamentales relacionados con la vida familiar e íntima, y representan a sus divinidades de formas más cercanas, personales y familiares —p. ej., como padre, madre, hermano, amigo, vecino, ayuda—.

De particular importancia en torno a las imágenes de Dios en el salterio es su afirmación continua y relación insistente con las ideas de poder, autoridad, señorío y realeza. Para los salmistas, en efecto, Dios es rey. Y, aunque con el tiempo, particularmente luego de la crisis del destierro y el exilio en Babilonia, la institución de la monarquía en Israel perdió su eficacia y poder real en el pueblo, las imágenes de Dios como rey supremo, soberano absoluto y Señor poderoso no decayeron; al contrario, esas imágenes tomaron dimensión nueva en las teologías mesiánicas, escatológicas y apocalípticas.

Las afirmaciones de Dios como rey tienen en el libro de los Salmos gran importancia literaria y teológica. La metáfora del reinado del Señor está ubicada en el centro mismo de la teología del salterio, pues revela las percepciones que el pueblo y los salmistas tenían de Dios, a la luz de las comprensiones y realidades políticas, sociales y religiosas de esa época monárquica. Esa metáfora se amplía aún más con el uso de verbos y adjetivos que revelan una red extraordinaria de relaciones sociales, formulaciones filosóficas y afirmaciones teológicas. Y la base de esa teología real se manifiesta claramente en el importante clamor litúrgico: «¡El Señor reina!».

Uno de los vectores que le brinda sentido de dirección literaria, cohesión teológica y profundidad espiritual al salterio es ese fundamental tema del reinado universal de Dios. Los Salmos, en torno a ese particular y destacado asunto, desarrollan una serie de enseñanzas que constituyen su contexto teológico básico y su fundamento religioso principal. Junto al nombre del Dios que reina sobre el universo y sobre las naciones se congregan sus súbditos para orar, clamar, interceder y adorar, y también para reconocer su autoridad, misericordia, virtud, amor y poder (véase Sal 24; 29; 47; 93; 96; 97; 98; 99). Los Salmos son las alabanzas y las proclamaciones de la gente que celebra y afirma que el Dios bíblico es rey y soberano. Sus plegarias están llenas de referencias directas e indirectas de esa indispensable y fundamental comprensión teológica. En efecto, el Dios de los Salmos es rey, y la manifestación extraordinaria de su soberanía es una característica fundamental de su esencia.

El Dios que es rey tiene sus escuadrones y milicias, imágenes que se ponen claramente de manifiesto en la construcción lingüística «Yahvé Tsebaot», que ha sido tradicionalmente entendida y traducida como «Señor —o Jehová— de los ejércitos». Esta construcción del nombre divino puede ser una referencia a las legiones celestiales y terrenales (Sal 103.21; 148.2) o a los ejércitos de los astros (Is 34.4; 40.26; 45.12; Jer 33.22), y también puede ser una alusión a la totalidad de la creación, tanto en los cielos como en la tierra, que responden a las directrices divinas con obediencia y respeto militar (Gn 2.1; Sal 33.6). La expresión también puede ser un adjetivo que describe el poder divino de forma superlativa; es decir, que nombrar al «Señor de los ejércitos» equivale a aludir a su poder extraordinario y a su virtud sin igual.

La enseñanza que afirma que Dios es rey también pone en evidencia dos valores de gran importancia bíblica y teológica: el rey divino es creador y salvador. Ese concepto de Dios como rey incluye la idea del triunfo contra las fuerzas del mal, que se manifiestan en la creación del universo (Sal 29; 93; 104). El rey divino estableció el orden y superó las dinámicas del caos que tratan de destruir la creación de Dios. Las fuerzas hostiles que se organizan contra el orden y la paz son únicamente superadas por la intervención maravillosa del rey creador, que tiene la capacidad y la voluntad de superar esas dinámicas de desorden y desintegración (Gn 1.1-3).

En el fragor de esa gran batalla cósmica se manifiestan la santidad, la justicia y el poder de Dios, y el reinado divino se reconoce, celebra y aprecia. Dios salva a la humanidad y a la creación del caos, y propicia un ambiente adecuado de justicia y paz. Los cielos y la tierra existen por la voluntad divina, y por su amor y misericordia se mantienen. El Dios que es rey en medio de su pueblo es también quien mantiene el orden que estableció desde el principio. Su soberanía y extraordinario poder no solo se manifiestan en los relatos de creación (Gn 1-3), sino que su voluntad de justicia y paz se revela en sus continuas intervenciones históricas para mantener el orden y superar el caos en medio de su pueblo y de la humanidad.

El pueblo de Dios está inmerso en los procesos históricos en los cuales se manifiesta la injusticia y el dolor. Los Salmos son plegarias y clamores que sirven para responder a esos grandes conflictos de la vida. El Dios que es rey está al lado de su pueblo para ayudarle en el momento oportuno, y las oraciones del salterio son demostraciones claras de esa relación íntima entre el rey y su pueblo. Las voces de los salmistas se levantan para presentar la teología del reinado de Dios en medio de sociedades injustas y hostiles. La declaración «Dios reina» es una certera afirmación teológica de fe y esperanza, que revela claramente la confianza que los adoradores tienen en su creador. La afirmación revela el poder divino al establecer la tierra y su capacidad de gobernar con justicia y equidad.

Junto a la teología del reinado divino se incluyen otros conceptos de gran importancia: p. ej., el Señor es guerrero y poderoso en la batalla (Sal 24.7-10); y, además, es juez (Sal 9.7), pues su intervención militar le prepara para establecer su trono con justicia (Sal 105.7). La manifestación de la justicia —que es a la vez punitiva y salvadora— es una forma de intervención divina que mantiene el poderío y la autoridad del Señor sobre la tierra. Y en la afirmación y administración de su reino, el Señor es juez de las naciones (Sal 9-10; 96), de los dioses paganos (Sal 82), del pueblo de Dios (Sal 50) y de los individuos (Sal 94).

La afirmación «el Señor reina» incluye también una serie importante de atributos que contribuyen significativamente al desarrollo de la teología del salterio. Como Dios es el gran rey sobre toda la tierra (Sal 145), su señorío se manifiesta en todas las generaciones, su grandeza es extraordinaria, su majestad es maravillosa, y su santidad y poder son irresistibles.

En ese contexto de los atributos divinos relacionados con el reinado de Dios se destacan dos temas de importancia capital: su justicia y su amor. El significado pleno de ambos conceptos hebreos sobrepasa los límites de la comprensión, interpretación y traducción castellana. La justicia divina se relaciona con su rectitud y su capacidad de implantar el orden, para superar las dificultades que traen desesperanza y desorientación a la humanidad. El concepto revela la preocupación divina por lo recto, y guía sus acciones para vindicar y restituir a la gente agraviada y necesitada, y para perdonar a las personas que imploran su misericordia.

El amor, por su parte, se relaciona con la misericordia y la fidelidad, y es el fundamento que afecta e informa el resto de las acciones divinas. El amor de Dios —en hebreo, *hesed*— se relaciona con el deseo y compromiso divino de responder adecuadamente a las necesidades humanas en el momento oportuno. Ese amor es eterno, que es una manera de destacar y afirmar su naturaleza extraordinaria y peculiar.

Otras ideas y valores teológicos fundamentales que se desprenden del estudio de los Salmos se relacionan con el pueblo de Dios, con la ciudad de Dios —Jerusalén, llamada también Sión—, con el rey mesiánico, con la ley del Señor, con la respuesta humana a la revelación divina y con los conflictos y las dificultades de la vida. Junto al tema del reinado del Señor se manifiestan otras preocupaciones existenciales de los salmistas, que revelan las percepciones teológicas de sus autores y de la comunidad.

La comunidad a la que se alude en el salterio con regularidad se identifica con imágenes pastoriles —p. ej., referencias directas a los pastores y a las ovejas (Sal 23)—, que ponen en clara evidencia las percepciones rurales y nómadas que tenían algunos escritores de esa literatura. Las oraciones revelan el deseo humano por entender la existencia en términos de su relación con el Dios que es a la vez rey y pastor. Esas plegarias ponen de relieve la comprensión que el pueblo y los adoradores tenían de las intervenciones históricas de Dios con su pueblo; particularmente muestran la liberación de Egipto y la conquista de Canaán. La intervención redentora de Dios en medio de la sociedad ubica al pueblo como parte de la herencia divina (Sal 74.2).

La ciudad del gran rey es Jerusalén, a la que se alude continuamente como Sión. El Señor mismo escogió esa ciudad para que fuera morada de su nombre, que es una manera poética de afirmar su presencia en medio del pueblo. El monte de Sión, de esta forma, se convirtió en la morada terrenal de Dios, en contraposición a su estancia eterna en los cielos. Jerusalén, por ser ciudad real, pasó a ocupar un lugar prominente en la teología del salterio y en la reflexión bíblica; y su importancia se destaca continuamente al llegar a esa región geográfica de Palestina y «subir» a la gran ciudad (Sal 46; 48; 84; 42-43; 120-134; 137).

El regente terrenal de Sión, la ciudad del gran rey, es el monarca davídico, que ha sido designado con el importante título de «ungido» o «mesías», fundamentado en la alianza con el famoso rey de Israel (Sal 89; 132). En su reinado humano se representan los valores y principios del Rey eterno; y en sus formas de implantación de la justicia se revelan los pilares legales y morales que sostienen su administración. Al monarca de Israel se le concede la potestad de representar al Señor ante el pueblo y ante las naciones (Sal 2; 18; 20; 21; 45; 72; 110). El ordenamiento social y las disposiciones jurídicas necesarias para la administración efectiva del gobierno se fundamentan en la ley de Moisés, que es una especie de constitución que contiene decretos, mandamientos y estatutos divinos.

Para el pueblo de Dios la ley de Moisés es el distintivo (Sal 105.45; 147.19-20) y la norma que revelan su fidelidad y lealtad (Sal 25.10; 50.16; 103.17-18; 112.1). El monarca israelita, que es el rey ungido del Señor, conoce sus deberes y lleva a efecto su misión administrativa, política, social y religiosa al estudiar cuidadosamente la ley y evaluar los mandamientos y las ordenanzas con rigurosidad (Sal 18.21-22; 89.30-33; 99.7). Esa ley, inclusive, se puede convertir en instrumento de gran importancia para la salvación (Sal 94.12-15; 119), pues se entiende que su fundamento y autoridad emanan de la misma creación del mundo (Sal 33.4-7; 93.5; 111.7; 148.6). Los salmos que afirman la ley de Moisés en el salterio tienen una gran intención educativa, pues ponen de manifiesto las virtudes de los mandamientos divinos, que responden a las diversas necesidades religiosas, sociológicas, políticas y sociales del pueblo.

El estudio de la teología en los Salmos revela también las respuestas humanas al reinado de Dios. Del análisis del salterio se desprenden las diversas formas en que los adoradores se relacionan con Dios. Esas reacciones pueden ser de gozo y lágrimas, de triunfo y frustración, de alegría y tristeza, de alabanza y desesperanza, de perdón y odio, de amor y rencor, de gratitud y dependencia, y de humildad y orgullo. En los salmos se ponen de relieve las más diversas de las experiencias humanas, con sus integraciones y contradicciones, que se nutren y manifiestan en la vida misma. El conflicto es una de esas manifestaciones humanas que se descubren en los Salmos. En efecto, el reinado del Señor incluye diversos niveles de conflicto, pues el salterio no solo revela la victoria final y definitiva del Señor sobre las fuerzas cósmicas del mal, del caos y de la historia, sino que pone de relieve las luchas internacionales y nacionales, y los conflictos interpersonales y personales que se libran en los muchos frentes de batalla de la vida. Como el reino del Señor irrumpe en la historia a través de un regente humano, y enfrenta vicisitudes, problemas y desafíos propios de las instituciones sociales, políticas y religiosas de la época, la oposición y los conflictos son parte integral de la vida. Se oponen al reino divino las naciones paganas, la gente infiel y los dioses falsos, a los que se alude sistemáticamente en los salmos (Sal 9-10).

Ese mundo natural de conflictos continuos y contradicciones inesperadas presenta a los adoradores en sus realidades cotidianas y en sus vivencias inmediatas. Los seres humanos en el libro de los Salmos son figuras que deben enfrentar la existencia humana con sentido de fragilidad, finitud, mortalidad y vulnerabilidad. Los personajes del salterio deben enfrentar las dificultades humanas y reaccionar a las complejidades de la vida con las herramientas que las personas mortales tienen para responder a los desafíos ordinarios y extraordinarios que les presenta la existencia. La teología de los Salmos no presupone gente con poderes extraordinarios que no están sujetos a las crisis personales, familiares, comunales, nacionales e internacionales. La gente que adora en el salterio —y también la que se ve representada en sus poemas— es la que en la vida debe enfrentar las vicisitudes formidables, que reclaman lo mejor de su intelectualidad y moralidad.

Con la afirmación elocuente «mi Dios y mi rey» llegamos al corazón de la teología del salterio. Esa declaración de fe extraordinaria no solo es teológica y espiritual, sino política, económica y social. Se relaciona con el reconocimiento de Dios como rey, y con la seguridad política y social que la presencia divina le brinda a la persona que adora. La frase supera las comprensiones tradicionales de la divinidad y pone de manifiesto el fundamento de la teología de los Salmos: Dios se relaciona con su pueblo no solo como su divinidad lejana y remota, sino como su monarca cercano e íntimo, y esa relación histórica y espiritual revela la base misma de la confianza y las esperanzas de las oraciones individuales y colectivas.

Dios, que es rey supremo y eterno, tiene el deseo, la capacidad, el valor, la dedicación y el compromiso de responder a los clamores más íntimos de sus adoradores. Y esa afirmación teológica es fuente de esperanza y seguridad. Por esa razón espiritual, los pobres claman al Señor, y aún el alma sedienta del adorador se allega con humildad ante su presencia para recibir la respuesta propicia y certera del Dios vivo que es, en efecto, rey (Sal 42-43; 62; 63; 130; 139).

La lectura cuidadosa del salterio pone en evidencia que el factor básico que une los diversos tipos y géneros de salmos es Dios: los himnos exaltan su grandeza y poder; las súplicas imploran su ayuda y misericordia; las acciones de gracias reconocen sus favores y su amor; los salmos reales dan testimonio del plan redentor de Dios hacia Israel y la humanidad; y los poemas educativos y sapienciales afirman y destacan los valores morales, éticos y espirituales que se desprenden de su revelación extraordinaria.

Esta comprensión teológica del salterio nos lleva al tema de la escatología, que contiene afirmaciones religiosas de gran importancia histórica y que también goza de gran popularidad en algunos círculos eclesiásticos contemporáneos. De antemano, es importante indicar lo que entendemos en este estudio por «escatología», que tradicionalmente se define como el discurso sobre «las cosas últimas». En nuestro contexto, nos referimos a los momentos postreros de la vida de las personas y su futuro en la ultratumba; se trata, más bien, del destino que le aguarda a los seres humanos al final de sus días, y luego de la muerte. El Dios del salterio, que ciertamente es rey de la tierra, el cosmos y la humanidad, tiene la capacidad de intervenir y decidir la suerte de los fieles y consumar el destino final de Israel, de todo el mundo y del cosmos.

La comprensión adecuada y la aplicación sabia de la teología del salterio que pone de manifiesto el tema del reinado divino debe tomar en consideración la ideología que presuponen estas enseñanzas. Los salmos de la realeza del Señor, junto a los que presentan las imágenes de la figura del rey, incluyen las ideologías imperantes en esa época, que en ocasiones propiciaban la dominación y el imperialismo. Esas ideologías deben ser identificadas, analizadas y explicadas con criticidad, cautela y sobriedad.

Los salmistas, utilizando las herramientas literarias, teológicas, ideológicas y filosóficas que poseían en su época, presentaban al Dios que ejercía su voluntad por medio de los ejércitos y las armas. Y aunque el objetivo misionero del pueblo y sus líderes era anunciar y presentar las virtudes del único Dios verdadero, y también recordar y afirmar las promesas hechas a los antiguos patriarcas y matriarcas de Israel, lo hacían por medio de las guerras de conquistas que a veces tenían propósitos imperialistas. El presupuesto teológico parece ser que cuanto mayor era el número de conquistas y triunfos, mayor era también la manifestación de la gloria divina.

Una lectura cristiana de los salmos, particularmente de los poemas del reino de Dios, le añade una nueva dimensión teológica y transforma la perspectiva antigua del salterio. En Jesús, la importante convicción, afirmación y declaración de la realeza divina y el ejercicio del poder se llevan a efecto de forma diferente. Jesús es el rey universal, pero su ascensión no fue a los tronos humanos llenos de esplendor y pompas, sino a la cruz, que es símbolo de justicia, rectitud y esperanza. El objetivo de su ascensión no fue la demostración del poder para ofender, herir, cautivar y controlar, sino su deseo de dar vida y vida en abundancia a la humanidad (Jn 10.10).

Desde la cruz, el Señor, llama a la humanidad a seguir sus enseñanzas y atrae a los pueblos a sus mensajes, que se basan en la misericordia, el amor, la solidaridad y el perdón. El Cristo de la cruz no lleva a efecto un programa de conquistas imperialistas, sino presenta que los mensajes de paz y justicia, las enseñanzas de amor y misericordia, los valores del perdón y el arrepentimiento, y las virtudes de la fe y la esperanza.

Los cuatro evangelios están de acuerdo en afirmar que Jesús es rey, y esas enseñanzas se manifiestan especialmente en las narraciones de la pasión. Sin embargo, la teología cristiana afirma, fundamentada en los discursos de su líder y Maestro, que los medios para adelantar el reinado del Señor en el mundo no es la violencia, ni la opresión, ni la conquista militar, sino las demostraciones concretas de amor y el disfrute de la justicia, que es el resultado pleno y adecuado de la implantación de la paz.

Poesía en los salmos

Al estudiar con detenimiento el libro de los Salmos se descubre una singular característica de gran importancia literaria, teológica y espiritual: el salterio está escrito en un lenguaje esencialmente simbólico, figurado, metafórico, poético. Esa peculiaridad artística le imprime al libro niveles óptimos y extraordinarios de virtud estética, y le añade a los escritos una inusitada belleza espiritual y moral. En efecto, en el libro de los Salmos la poesía bíblica llega a una de sus expresiones máximas, pues sus imágenes, insinuaciones y evocaciones le facilitan al adorador o adoradora, y también a la persona que lee y ora con el salterio, un lenguaje cargado de simbolismos y polivalencias que propician el maravilloso y transformador diálogo divino-humano, incentivan la meditación, contemplación, alabanza y oración y, además, proveen el espacio emocional y literario adecuado para expresar los sentimientos más profundos e intensos de la vida.

Esa peculiaridad literaria nunca debe subestimarse, obviarse o ignorarse al estudiar e interpretar el libro de los Salmos, pues el análisis científico, riguroso, ponderado, crítico y sobrio del salterio requiere imaginación, creatividad, ritmo, estética, evocación, simbología, sabiduría, apertura, sensibilidad. La belleza de sus giros literarios, la pertinencia del análisis sosegado y las virtudes de la lectura reflexiva de los Salmos nos permiten aproximarnos al Eterno, nos ayudan a descubrir la intimidad con el Creador, y nos facilitan la conversación sincera y franca con el Dios que está presto a recibir la adoración y alabanza de su pueblo. Junto a la ponderación de los temas pertinentes y la evaluación de los asuntos relevantes, es la poesía de las oraciones la que nos invita a relacionarnos e identificarnos con los antiguos salmistas, y la que propicia que oremos con las palabras antiguas que recogen nuestros sentimientos más hondos.

La poesía en general, y la bíblica en particular, es un arte que transmite sus ideas y conceptos mediante el uso de las palabras. La pintura, por su parte, comunica su mensaje a través de los colores y las líneas; la escultura afirma sus valores con las formas y los volúmenes; y la música utiliza como medio de expresión los sonidos. Las palabras para la poesía son instrumentos extraordinarios de comunicación, que facilitan el diálogo intenso y extenso entre el poeta y sus lectores. La poesía es el vehículo que propicia la transmisión de sentimientos, impresiones y estados emocionales, que el poeta ha querido plasmar en el texto. Y para recibir esos diversos estados anímicos y espirituales, los lectores y las lectoras deben estar atentos a lo que se dice y a lo que no se dice, a lo que se insinúa, a lo que se evoca, a lo que se presupone, a lo que se anhela, a lo que se infiere. La comprensión adecuada de la poesía demanda la totalidad de los sentimientos de los lectores.

Como los salmos constituyen una porción muy importante de la poesía bíblica, es imperativo identificar algunas características generales que les particularizan. En el caso específico de la poesía del salterio, se ponen claramente de manifiesto las siguientes peculiaridades retóricas: sencillez de expresión, vigor en la comunicación, abundancia en las figuras del lenguaje y esencia y profundidad religiosa.

La poesía bíblica tiene sus propias características tanto de forma como de fondo: se escribe en unidades de sentido conocidas como «líneas». En el idioma hebreo esas líneas se recitan o cantan con un particular tipo de «ritmo», que en el caso específico de los Salmos le brinda a la pieza no solo belleza literaria y estética, sino que facilita la comunicación y la memorización. Y respecto a algunas de esas características literarias, es importante indicar que es prácticamente imposible reproducir en las traducciones las particularidades rítmicas y sonoras de los Salmos.

Tradicionalmente se ha pensado que el componente más importante de la poesía hebrea es el paralelismo —también conocido como equilibrio o simetría—, pues es una virtud lingüística que puede traducirse de un idioma a otro. Desde la perspectiva de la comprensión del texto y la interpretación del poema, esta característica literaria es indispensable, fundamental y necesaria, pues le brinda al lector del texto original o de la traducción no solo el tema o asunto discutido en el poema o salmo, sino que, además, presenta los énfasis y los asuntos que el salmista desea destacar o enfatizar.

Junto a los paralelismos, la poesía hebrea incluye también otras características retóricas de importancia capital: p. ej., repetición de palabras, ideas y estribillos, acrósticos alfabéticos, estructuras concéntricas o quiasmos, efectos sonoros, figuras del lenguaje, preguntas retóricas y pedagógicas, hipérbole, ironía y sarcasmo, entre otras.

Aunque es muy difícil precisar cómo funciona la comunicación del sentido en los diversos tipos de paralelismos, este importante recurso literario puede definirse como la repetición del contenido semántico —también puede ser de contenido similar o relacionado—, o la repetición de alguna estructura gramatical o sonidos en líneas o versos consecutivos (p. ej., Sal 103.10). En esencia, en el paralelismo poético que se pone de manifiesto en el salterio, se relacionan ideas, conceptos, palabras, estructuras gramaticales y sonidos.

En el análisis de los paralelismos bíblicos, los estudiosos utilizan diversos términos para explicar sus peculiaridades estilísticas y semánticas. Una línea poética tradicionalmente se describe como «colon», y dos de esas líneas en paralelo se identifican como «bicolon». Las líneas se disponen en algún tipo particular de repetición, que ciertamente explica, expande, afirma o confronta el tema previamente propuesto. El análisis cuidadoso de las ideas que se incluyen y exponen en las líneas contribuye positivamente a la comprensión adecuada del tema del poema, pues se relacionan con él de forma directa o indirecta.

El paralelismo de la poesía hebrea funciona en varios niveles de complejidad que no pueden reducirse a dos o tres tipos de categorías simples. Por la misma naturaleza poética y estética de los salmos, el paralelismo cobra dimensión nueva junto a la creatividad, ingenio, habilidad y licencia del autor. En la descripción de los paralelismos poéticos del salterio se identifican los siguientes tipos, que nos pueden guiar a comprender cómo funcionan estos extraordinarios artificios literarios en el complejo proceso de comunicación: paralelismos completos, incompletos y formales.

1. En los «paralelismos completos» cada término o unidad de pensamiento en las líneas tiene alguna expresión equivalente en la próxima. De estos paralelismos se pueden distinguir cuatro tipos: sinónimo, antitético, emblemático o invertido (o de quiasmo). El paralelismo sinónimo repite y afirma el mismo pensamiento en palabras similares o sinónimas:

«Después entró Israel en Egipto,
y Jacob moró en la tierra de Cam» (Sal 105.23).

El paralelismo antitético presenta los temas poéticos en oposición o en contrastes de pensamientos:

«En la mañana florece y crece;
a la tarde es cortada, y se seca» (Sal 90.6).

El caso del paralelismo emblemático es el que emplea símiles o metáforas para comparar el pensamiento de una línea con la próxima:

«Como el padre se compadece de los hijos,
se compadece Jehová de los que le temen» (Sal 103.13).

Finalmente, el paralelismo invertido, o quiasmo, de manera estricta es una forma del sinónimo, aunque los temas se disponen de forma invertida:

«Efraín no tendrá envidia de Judá;
ni Judá afligirá a Efraín» (Is 11.13).

2. Los paralelismos incompletos son frecuentes en la literatura bíblica, y pueden identificarse claramente porque la compensación o el paralelismo de las ideas es únicamente parcial, aunque el número de términos en el texto hebreo del salterio sea el mismo:

«Su fruto destruirá de la tierra,
y su descendencia de entre los hijos de los hombres» (Sal 21.10).

Una variante de este tipo de recurso literario es el paralelismo repetitivo, en el cual el tema o pensamiento se desarrolla mediante la repetición y extensión en las líneas:

«Tributad a Jehová, oh hijos de los poderosos,
dad a Jehová la gloria y el poder» (Sal 29.1).

Se encuentran también algunos ejemplos de paralelismos sin compensación, en el cual el número de términos en las líneas disminuye:

«Ten misericordia de mí, oh Jehová, porque estoy enfermo;
sáname, oh Jehová, porque mis huesos se estremecen» (Sal 6.2).

3. Un tercer tipo particular de artificio literario ha sido identificado como paralelismo formal, aunque de forma estricta no constituye un paralelismo, pues las líneas poéticas únicamente tienen equilibrio en el número de términos en hebreo, no en las ideas o los temas expuestos:

«Pero yo he puesto mi rey
sobre Sión, mi santo monte» (Sal 2.6).

Estas formas descritas de paralelismo disponen los recursos literarios internamente en los versos y en las líneas; sin embargo, la poesía bíblica presenta también ejemplos de otros tipos de paralelismos externos, en los cuales la correspondencia temática se presenta en líneas sucesivas:

«El buey conoce su dueño,
y el asno el pesebre de su Señor;
Israel no entiende,
mi pueblo no tiene conocimiento» (Is 1.3).

Además de esas características formales de la poesía de los Salmos, el estudio detallado de estas oraciones pone de manifiesto otros niveles estéticos de virtud que no pueden ignorarse. Los Salmos están repletos de artificios estilísticos que le añaden belleza literaria, y que contribuyen de forma destacada a la transmisión de las ideas. Entre esas importantes características retóricas pueden identificarse las siguientes: p. ej., símiles, metáforas, repeticiones, expresiones idiomáticas, hipérboles, refranes y acrósticos. Y junto a esos aspectos gramaticales, léxicos, semánticos, filológicos y fonéticos también los Salmos manifiestan la presencia de estrofas bien definidas, que en ocasiones se disponen en clara expresión alfabética (p. ej., Sal 119).

El uso continuo de esos artificios, el despliegue extenso de recursos semánticos y la densidad de los temas que se exponen, le brindan al lector o a la lectora contemporáneos una buena pista para identificar los asuntos de importancia que el salmista deseaba afirmar y destacar. Además, la naturaleza poética de esta literatura revela de forma contundente que el salterio no debe leerse, estudiarse o explicarse de forma literal, pues sus autores no lo escribieron con esa finalidad estática. La literatura poética debe evocar, inspirar, insinuar; y los Salmos son un magnífico ejemplo de buena literatura religiosa que desafía la imaginación de la gente que ora y adora con sus lecturas a través de los siglos.

Esa naturaleza poética, polivalente, simbólica y figurada de la poesía hace del salterio uno de los libros más difíciles de comprender, estudiar y traducir en la Biblia. Esa dificultad básica se complica aún más, pues la gran mayoría de los poemas que se incluyen en el salterio no revelan con claridad sus contextos históricos, que pueden, en efecto, contribuir positivamente a la comprensión adecuada de mensaje de la Escritura.

Para superar este extraordinario desafío, es aconsejable que las personas que estudian el libro de los Salmos —si no tienen dominio del idioma hebreo— lean el poema en más de una versión. De esa forma comparada pueden identificar y disfrutar de las particularidades lingüísticas y los artificios poéticos del lenguaje, a la vez que adquieren el sentido del mensaje. Esa sensibilidad estilística y meticulosidad metodológica guiará nuestro estudio y análisis del salterio.

3

❋ El Cantar de los cantares

Grábame como un sello sobre tu corazón;
llévame como una marca sobre tu brazo.
Fuerte es el amor, como la muerte,
y tenaz la pasión, como el sepulcro.
Como llama divina
es el fuego ardiente del amor.
Ni las muchas aguas pueden apagarlo,
ni los ríos pueden extinguirlo.
Si alguien ofreciera todas sus riquezas
a cambio del amor,
sólo conseguiría el desprecio.

CANTAR DE LOS CANTARES 8.6-7 (NVI)

Título y autor

El libro de Cantar de los cantares, obra corta de apenas 117 versículos y ocho capítulos, es una colección poética de cánticos de amor saturados de imágenes pasionales, que revelan las manifestaciones del cariño grato y profundo en una pareja de enamorados. El vocabulario figurado que utiliza es refinado, y posee un carácter literario singular, al incorporar en los poemas bastantes términos que no aparecen en ningún otro libro de la Biblia (¡49 *hapax legómena*!). Y aunque la obra no menciona de manera explícita el nombre divino, tanto las tradiciones judías como las cristianas han interpretado y comprendido generalmente las imágenes expuestas en el libro como referencias teológicas al amor entre Dios y su pueblo, o entre Cristo y su iglesia.

El nombre hebreo del libro, «Cantar de los cantares de Salomón», relaciona los poemas con el famoso monarca de Israel, que era conocido por su sabiduría, sus virtudes y capacidades poéticas. La frase «Cantar de los cantares» es, en efecto, una forma literaria hebrea para la construcción de superlativos. Esa repetición del sustantivo en plural, luego del singular, enfatiza la expresión y el significado. En este sentido, «Cantar de los cantares», significa «el cántico por excelencia», «el mejor de los cánticos», o inclusive, «el más grato, significativo, loable y noble de los poemas». El propósito del superlativo en el título del libro es destacar las virtudes de estos poemas; el objetivo, es aludir a la belleza extraordinaria de la obra. Este mismo estilo superlativo se utiliza en otras frases hebreas frases como «rey de reyes», que significa el mejor de los reyes, y «siervo de los siervos», que describe al más humilde de los servidores.

La palabra «cántico» en la Biblia hebrea alude, en varias instancias (Am 8.10; Is 30.29), a alguna composición poética que debe ser entonada en forma de canción; y en otros pasajes (p. ej., Sal 28.7; 69.31) se puede relacionar posiblemente con las celebraciones litúrgicas.

La asociación de este libro bíblico con el famoso rey de Israel, Salomón, se puede fundamentar en la obra misma, pues el hebreo *lisholomoh* se ha traducido tradicionalmente como «de Salomón» o «perteneciente a Salomón». Sin embargo, la expresión más bien puede significar «de acuerdo con el estilo de Salomón», «referido a Salomón», «en honor a Salomón», «dedicado a Salomón», o inclusive, «en la tradición de Salomón». En efecto, la alusión al monarca no es necesariamente una referencia a la autoría o propiedad intelectual.

Respecto a este mismo tema de la autoría es menester tomar en consideración que Salomón, en las narraciones bíblicas, es presentado como un poeta prolífico (1 R 5.12); además, se le incluye explícitamente como uno de los protagonistas de los temas del libro (Cnt 3.7, 9, 11; 8.11, 12). Y, como Salomón era considerado como el más grande e importante sabio en Israel, se le ha atribuido esta obra de importancia poética sin igual.

Las tradiciones rabínicas antiguas también le atribuyen al mismo rey los libros de Eclesiastés y Proverbios, quizá porque es una trilogía intensa que pone claramente de manifiesto varios aspectos importantes de la vida: la juventud destaca el amor (Cantar de los cantares), la madurez enfatiza la reflexión y la sobriedad (Proverbios) y la ancianidad subraya la vanidad o superficialidad de las cosas (Eclesiastés).

Una tradición judía muy antigua indica que Salomón escribió estos poemas en ocasión de su boda con una princesa egipcia, aunque la veracidad y el fundamento de esa creencia, en la actualidad, está en serias dudas. Posiblemente estos poemas proceden de diferentes autores, de la época de Salomón y de siglos subsiguientes, que con el tiempo se fueron uniendo y editando juntos por las afinidades temáticas. ¡Son poemas dedicados al amor! En efecto, son canciones que afirman el amor pasional entre dos personas que manifiestan y articulan en estos poemas sus cariños más intensos sin inhibiciones.

El análisis detallado de los poemas, particularmente sus evaluaciones literarias y filológicas, ponen de relieve frases con influencia aramea (Cnt 1.6, 7, 11, 17; 2.9, 11, 13.3, 8), expresiones persas (Cnt 1.12; 3.9; 4.13, 14; 5.16) y hasta se hace referencia a costumbres del mundo helenista (Cnt 3.6-10; 3.11; 3.3; 5.7) que ciertamente provienen de una época posterior a la del famoso monarca de Israel. La obra contiene poemas antiguos que posiblemente fueron recitados, cantados y reeditados, quizá en contextos de bodas y celebraciones nupciales, hasta llegar a su edición final en el período postexílico, en un contexto donde el judaísmo estaba buscando reestructurarse para responder adecuadamente a los nuevos desafíos que le presentaba el retorno a Jerusalén.

Y como el Cantar de los cantares menciona diversos lugares de Siria y Palestina, es posible que los poemas se escribieran en esa región. Sin embargo, como Jerusalén es la ciudad más mencionada en la obra, quizá la edición final del libro tuvo lugar específicamente en esa ciudad, sede del gobierno y centro de celebraciones, lugar donde posiblemente estaban ubicadas las personas encargadas de la redacción de los documentos en el reino.

Estilo, canon y texto

El estilo literario de la obra pone en evidencia clara la naturaleza pasional de un amor que se describe, celebra y afirma. Las imágenes abundan, el lenguaje figurado es continuo, y las comparaciones son intensas. Las frases y las ideas expuestas están cargadas de significado, y la polisemia abunda. Y la sonoridad de los poemas contribuye positivamente al proceso de comunicación y memorización efectivas.

El libro, además, incluye repeticiones de palabras, frases y estribillos; el contexto de los poemas varía continuamente, del palacio a los campos y viceversa; y la buena comunicación se pone de relieve en la presentación de varios temas, como la luz y las sombras, los colores y los olores, los sonidos y los silencios. En efecto, las metáforas y las comparaciones, lo íntimo y lo cotidiano, la historia y las tradiciones se unen para presentar una obra poética de gran calidad y belleza. Y toda esta gama extensa de recursos literarios y retóricos están al servicio de solo un tema: el amor intenso, grato, recíproco, pasional, significativo, mutuo...

Las formas poéticas de la obra incluyen los siguientes recursos literarios y estilísticos: rima (Cnt 3.8; 3.11), aliteración (Cnt 4.1, 8, 11), asonancia (Cnt 5.1, 2), paralelismo (Cnt 1.4; 2.1), concatenaciones (Cnt 3.7-8) e hipérbole (Cnt 2.8-9). Estos artificios literarios le brindan a la obra no solo belleza estética, sino que propician la comunicación y le brindan fuerza y vigor a los diálogos y argumentos. El punto culminante de estos recueros llega en la descripción de los amantes (el novio: Cnt 5.10-16, y la novia: 1.5-6, 4.1-7; 7.1-10).

En el canon hebreo, el Cantar de los cantares es parte de la tercera sección de las escrituras, conocida como «Escritos» o Ketubim, específicamente entre Rut y Eclesiastés. El Talmud lo incluye antes de Lamentaciones y después de Eclesiastés, en el sexto lugar de esta sección final de la Biblia hebrea. Inclusive, algunos manuscritos hebreos lo ubican después de Rut, en la posición segunda de los llamados *megillot* o los rollos, que son obras leídas en alguna festividad judía.

Por el uso popular y profano que se le daba al libro del Cantar de los cantares, el judaísmo de los primeros dos siglos de la era cristiana dudó de su inclusión en el canon. Luego de grandes discusiones y deliberaciones, se afirmó su incorporación al canon, aludiendo que nadie debía poner en duda la autoridad de la obra y se rechazó de esta manera su uso mundano y secular. Las iglesias cristianas acogieron sin muchas dificultades y dilaciones la obra, y la ubicaron después del libro de Eclesiastés.

El texto hebreo recogido ha llegado a los estudiosos modernos bastante bien conservado. Quizá la gran popularidad de la obra impidió que se introdujeran cambios radicales o se incorporaran muchas alteraciones en el texto. Sin embargo, hay algunos manuscritos antiguos que tienen interpolaciones y variaciones.

Contenido

El contenido del libro son poemas intensos y reveladores en los cuales el amado y la amada entran en un diálogo profundo y revelan sus sentimientos más hondos y significativos respecto al amor. En esos diálogos y soliloquios se pone en evidencia que el amor que profesan es más fuerte, inclusive, que el fuego y la muerte (Cnt 8.6). De acuerdo con la progresión de la obra, los protagonistas centrales son identificados en diversas imágenes, como por ejemplo: amado y amada, hermano y hermana, pastor y pastora, rey e hija del rey.

Los nombres de los protagonistas son particularmente significativos: Salomón (Cnt 1.1) y sulamita (Cnt 7.1). Ambos nombres pueden asociarse a la raíz verbal hebrea, *slm*, que se relaciona con la idea de paz, perfección, sobriedad, abundancia, prosperidad, seguridad (Cnt 1.8; 2.2; 4.7; 5.1; 8.10). Además, sulamita puede ser una forma femenina del nombre de Salomón, aunque también se puede relacionar con la ciudad de Shulem, cerca del monte Carmelo, que puede significar «perfecta» o «pacífica». Algunos estudiosos piensan que la sulamita describe a la mujer jerosolimitana perfecta o ideal.

La obra incluye también una serie de personajes que tienen alguna importancia en los diálogos de amores: las hijas de Jerusalén o de Sión (p. ej., Cnt 1.5; 2.7; 3.5, 10), los valientes del reino (3.7-8), los amigos del novio (5.1), los hermanos de la novia (8.8-10), los pastores (1.7-8), los guardias de la ciudad (3.3; 5.7). En efecto, los poemas presentan una serie extensa de personajes que entran en los diálogos con alguna fuerza interpretativa y con esplendor literario. Revelan el mundo interior del palacio, son voces que acompañan las dinámicas íntimas reales. Y en esos diálogos de amor intenso y apasionado, estos personajes secundarios o complementarios de la obra influyen de forma significativa en la comunicación de los temas y la articulación sentimientos expuestos.

Aunque el libro del Cantar de los cantares revela una unidad temática básica y fundamental, el estudio riguroso de la obra pone de relieve algunas diferencias e independencias entre los cánticos. Para algunos analistas del libro, Cantares es más bien una antología poética que incluye poemas de diversos orígenes, fechas y autorías. A esta visión del libro debemos añadir que también se revelan en la obra ciertos intentos de relacionar, literaria y temáticamente, los poemas. Y esas manifestaciones de unidad se revelan en la repetición de varios estribillos o coros (Cnt 2.7; 3.5; 5.8; 8.4), la reiteración de algunos temas (p. ej., la búsqueda de la persona amada y los encuentros amorosos) y la repetición de palabras o frases (Cnt 2.6-7 y 8.3-4; 2.17 y 8.14). En efecto, la redacción final del libro ha intentado brindarle a la obra un sentido de coherencia y unidad, que consigue a través de esta serie de recursos retóricos y temáticos.

Inclusive, ese claro deseo de presentar una obra con coherencia temática e interpretativa se pone de manifiesto al estudiar la estructura temática completa del libro. En esa estructura se puede discernir un tipo de esquema en forma de quiasmo, que destaca el diálogo íntimo, respetuoso y significativo entre los amantes (3.6-6.10):

A. Prólogo: Cnt 1.1-2.7
B. Primer cántico: 2.8-3.5
C. Segundo cántico: 3.6-5.1
B'. Tercer cántico en paralelo con el primero: 5.2-6.10
C'. Cuarto cántico en paralelo con el segundo: 6.11-8.4
A'. Epílogo: 8.5-14

Formas de interpretación

La lectura de la obra revela la importancia del amor en una pareja que, ciertamente en la actualidad, tiene virtudes teológicas. Fundamentados en las primeras narraciones incorporadas en la Biblia (Gn 1.1-2.25), Dios mismo fue quien instituyó el amor entre parejas al afirmar que no es bueno que el hombre esté solo y que necesita ayuda idónea. Desde esta perspectiva teológica, el amor entre las parejas enamoradas, específicamente en el libro del Cantar de los cantares, es un don divino que debe afirmarse, celebrarse y propiciarse. En efecto, el amor humano, según esta comprensión de los poemas, es una manifestación del amor divino, que le sustenta, promueve y valora.

Esta comprensión del amor como don revelado por Dios tiene una serie importante de consecuencias éticas y de repercusiones morales. La valoración positiva de las dimensiones físicas, emocionales y espirituales del amor entre parejas rechaza que las manifestaciones del amor o el erotismo sean expresiones pecaminosas en sí mismas, pues provienen directamente de Dios. De acuerdo con el Cantar de los cantares, el amor es motivo de gozo y celebración; además, propicia la celebración y el disfrute.

El Cantar de los cantares rechaza de forma clara, firme y categórica las diversas manifestaciones y expresiones del amor como inadecuadas o adversas para el desarrollo positivo de la humanidad. Por el contrario, el amor es una bendición para las personas y las parejas que lo profesan de manera sincera, apasionada y comprometida, según el mensaje del libro. Ese singular tipo de amor se pone de manifiesto, de acuerdo con las enseñanzas de las iglesias, primordialmente en el contexto matrimonial, para afirmar la responsabilidad y la justicia en las relaciones.

Sin embargo, estas comprensiones teológicas no siempre han gobernado los procesos teológicos, hermenéuticos y exegéticos. En el caso específico del Cantar de los cantares, como el nombre divino no se incluye de forma explícita y el tema recurrente es el amor humano, los intérpretes, tanto judíos como cristianos, han intentado descubrir nuevos significados religiosos y espirituales en la lectura de la obra. Con ese singular objetivo han recurrido a diversas formas de interpretación del libro. Y entre esas formas históricas de evaluación y comprensión del libro está el llamado método alegórico.

Desde muy temprano en la historia de las interpretaciones de la obra diversos autores han visto en estos poemas las relaciones amorosas entre Dios e Israel, o entre Cristo y su iglesia. Estas interpretaciones, que ciertamente se fundamentan teológicamente en algunas afirmaciones proféticas importantes (Os 1.1-3.5; Is 54; 62.1-55; Ez 16), intentan mover la comprensión de los cánticos del plano humano a la dimensión divina. Es una manera de disminuir el valor de las relaciones amorosas humanas para destacar la espiritualidad e intimidad del diálogo divino-humano.

Entre los estudiosos judíos las interpretaciones alegóricas abundan y resaltan los amores entre Dios y la Torá, entre Dios y las diversas instituciones del pueblo de Israel e, inclusive, entre Salomón y la sabiduría, que se entiende en forma de personificación. Los exégetas cristianos, por su parte, han visto en estos mismos poemas la unión mística entre Cristo y el alma del creyente, o entre el Espíritu Santo y María; los diálogos íntimos entre Jesús y María; y las conversaciones entre Cristo y su iglesia, que es su novia o esposa (véanse, p. ej., Mt 9.15; 22.1-4; Jn 3.29; 2 Co 11.2; Ef 5.25; Ap 19.6-8; 21.9).

Algunos estudiosos del libro han intentado ver en el libro del Cantar de los cantares algunas referencias directas al nombre de Dios; específicamente en la importante y significativa palabra hebrea *shalhebetyah*, que bien puede traducirse como «llama del Señor» (Cnt 8.6). En efecto, esa expresión incluye explícitamente el sufijo *yah*, que es el nombre propio de Dios, pero que en este contexto es más bien una manera idiomática de afirmar el superlativo. Esas formas literarias de énfasis aparecen también en otras secciones de la Biblia hebrea (véase Sal 36.7; 68.16; 80.11), donde la expresión afirma la altura enorme de las montañas; o donde la frase «fuego de Dios» es una referencia directa a los rayos (Nm 11.1, 3; 1 R 18.38; 2 R 1.12; Job 1.16).

4

❊ El libro de Lamentaciones

¡Ay, cuán desolada se encuentra
la que fue ciudad populosa!
¡Tiene apariencia de viuda
la que fue grande entre las naciones!
¡Hoy es esclava de las provincias
la que fue gran señora entre ellas!
Amargas lágrimas derrama por las noches;
corre el llanto por sus mejillas.
No hay entre sus amantes
uno solo que la consuele.
Todos sus amigos la traicionaron;
se volvieron sus enemigos.

LAMENTACIONES 1.1-2 (NVI)

El libro

Lamentaciones es un pequeño libro de las Sagradas Escrituras que contiene cinco poemas de gran valor teológico, espiritualidad y belleza literaria. La obra es una respuesta a la angustia de ver la ciudad santa, Jerusalén, destruida, arruinada, desolada, angustiada, derrotada y abatida. Los poemas están escritos en una forma antigua de lamento fúnebre, conocida en el hebreo bíblico como *qinah*. Y su mensaje general transmite un gran sentido hondo de dolor, pérdida y duelo, que se pone claramente de manifiesto desde la lectura de la primera hasta la última palabra del libro.

El título hebreo del libro proviene, como en otros casos bíblicos (p. ej., Génesis y Éxodo), de la palabra inicial de la obra, que en este caso es *'ekah*, que tradicionalmente se ha traducido como «ay», o con la expresión de admiración «cómo», y revela el dolor intenso y la queja profunda que genera la destrucción de Jerusalén a manos de los ejércitos babilónicos durante los años 587-586 a. C. En griego, el título alude al género literario de los cánticos, *threnoi*, que significa «canto fúnebre». Lo inimaginable había sucedido, y el autor o los autores de la obra articulan esos dolores en poesía.

De acuerdo con el canon hebreo, el libro de las Lamentaciones está ubicado en el séptimo lugar de los Ketubim o Escritos, y en el cuarto del grupo de los *megillot* o rollos. En la liturgia judía sinagogal Lamentaciones se recitaba el día de ayuno nacional que se relacionaba con la destrucción del templo de Jerusalén el día 9 del mes de *av*, que corresponde a los meses entre julio o agosto. En las ediciones de la Septuaginta (LXX), Lamentaciones es parte del bloque que se relaciona con el profeta de Anatot, que sigue la siguiente disposición: Jeremías, Baruc, Lamentaciones y la Carta de Jeremías. En el canon latino el libro se encuentra luego del profeta Jeremías e inmediatamente antes de la obra de Baruc.

Tradicionalmente se ha asociado el libro directamente con el profeta Jeremías, y esta atribución se basa eminentemente en referencias bíblicas y relaciones literarias. En efecto, según 2 Crónicas 35.25, Jeremías escribió una elegía o cántico fúnebre en relación al rey Josías, y fundamentados en esa afirmación escritural,se le ha adjudicado las Lamentaciones al famoso profeta.

En la actualidad los estudiosos de la Biblia reconocen la autoridad teológica que le brinda el nombre del profeta al libro, pero a la vez entienden que, basados en el análisis de los temas expuestos y también en algunas peculiaridades literarias, la obra no es el producto de un solo autor. Por ejemplo, el sentimiento y las referencias contra Babilonia que se manifiestan en los poemas son completamente diferentes a las recomendaciones del profeta Jeremías a vivir sometidos al imperio babilónico e inclusive a orar por su bienestar para poder subsistir en el exilio (Jer 27.1-22). No es muy probable tampoco que la esperanza del profeta estuviera en los ejércitos egipcios, que solo estaban interesados en controlar a Judá (Lam 4.17). Y la teología que se presenta en los poemas (Lam 5.7) en torno a la doctrina de la retribución y responsabilidad colectiva no es igual a la que pone de manifiesto claramente el profeta en sus oráculos referente a la responsabilidad individual de las personas (Jer 31.29-30).

La fecha de composición de los poemas se relaciona directamente con la crisis del 587 a. C., cuando los ejércitos del gran Nabucodonosor llegaron triunfantes a Judá y destruyeron la ciudad de Jerusalén y el templo, saquearon sus tesoros, destruyeron sus instituciones sociales, políticas, religiosas y económicas, y exiliaron a un número importante de sus ciudadanos (2 R 25.1-30; 2 Cr 36.1-23; Jer 52.1-34). Las Lamentaciones son cánticos de dolor y duelo que provienen luego de las calamidades relacionadas con esta experiencia histórica traumática en el pueblo. Por la intensidad de las imágenes y por las peculiaridades de los temas expuestos, los poemas pueden provenir de diversos autores y no parecen haber sido escritos muchos años después de la caída de Jerusalén.

Esa experiencia de derrota y destrucción fue inexplicable para el pueblo, que había desarrollado un cierto tipo de teología conocida como la «inviolabilidad de Sión». De acuerdo con ese singular pensamiento teológico, Dios nunca permitiría la derrota del pueblo de Judá ni aceptaría la destrucción del templo de Jerusalén (Jer 7.1-15). Esa teología de seguridad nacional y esperanza colectiva cobró fuerza cuando las extraordinarias tropas asirias, que luchaban bajo la autoridad del general Senaquerib, no pudieron entrar y conquistar Jerusalén (2 R 19.32-34; Is 37.33-35) y tuvieron que regresar a Asiria sin el botín de guerra esperado.

Estructura y contenido del libro

El libro de las Lamentaciones lo componen cinco poemas muy bien articulados y estructurados. Los primeros cuatro han sido escritos en el estilo literario conocido como acróstico alfabético. En este singular y elaborado tipo de forma literaria, cada estrofa comienza con las letras sucesivas del alefato hebreo en su orden tradicional de veintidós caracteres. El tercer poema presenta una estructura más elaborada y compleja, pues a cada letra del alefato hebreo le corresponden tres versículos. El quinto poema contiene veintidós versos, pero no manifiesta totalmente la progresión de las letras hebreas.

Todos los poemas giran en torno al mismo tema: la destrucción de Jerusalén y el dolor que produce ver la ciudad santa derrotada y destruida. En efecto, el dolor es intenso, lo revelan las palabras y las imágenes que se articulan; la angustia es profunda, lo manifiestan las descripciones de la calamidad y las referencias a las ruinas que se incorporan; y el sentido de desesperanza va en aumento, pues el tema del dolor y la agonía se reitera en los poemas, pues los poetas intentan comprender lo sucedido, desean entender el origen de la catástrofe, anhelan encontrar sentido a la naturaleza extrema del problema. Un punto teológico fundamental y culminante de la obra es el clamor sentido e intenso de un adorador que suplica a Dios que no tarde en manifestar su salvación al pueblo (Lam 3).

La primera lamentación (Lam 1.1-22) describe la condición de la cuidad de Jerusalén una vez ha terminado la guerra y la devastación. Un detalle lingüístico puede poner de manifiesto la naturaleza de la crisis. El poema, en su primera parte (Lam 1.1-11) personifica a la ciudad y la identifica como una princesa, además de llamarla la grande, pero que ha quedado sumida en la ruina, como una viuda que llora continuamente sus pérdidas. En la segunda sección (Lam 1.12-22) es la misma ciudad la que toma la palabra para describir sus calamidades, angustias, dolores, derrotas, desesperanzas, desolaciones… Y en ese entorno poético, figurado y simbólico, la ciudad misma identifica al causante inmediato y seguro de sus problemas: ha sido el Señor el que ha generado todas esas manifestaciones de derrota, castigo, juicio e ira. Desde la perspectiva teológica no fueron los babilónicos los que causaron la destrucción de Jerusalén, sino las manifestaciones certeras del juicio divino.

En el segundo poema de lamentación (Lam 2.1-22) se aborda el tema de las razones y los motivos del juicio divino y la destrucción nacional. En ese contexto es que surgen los pecados nacionales, las infidelidades del pueblo y las rebeldías de la comunidad. Y, para exponer la extensión de las decisiones impropias y las acciones pecaminosas, se identifican claramente la responsabilidad de reyes, sacerdotes, ancianos y jóvenes, que es una manera literaria de referirse a toda la nación. Este cántico corrobora lo que se ha indicado en la primera lamentación: la destrucción de la ciudad es la manifestación precisa del juicio divino que llega al pueblo para comenzar un proceso de purificación y transformación que ya había sido anunciado por los antiguos profetas de Israel (Lam 2.17).

El tercer cántico del libro es el más extenso de todos (Lam 3.1-66), y presenta el mismo tema de la devastación nacional, pero ahora visto desde la perspectiva de una persona que vivió y experimentó directamente el juicio divino y el dolor humano. El estilo literario de este poema evoca los temas teológicos y la intensidad emocional y espiritual que se ponen de manifiesto en el libro de Job, en los cánticos del Siervo del Señor y en las lamentaciones de Jeremías. Inclusive, una lectura atenta del cántico descubre semejanzas y analogías con los salmos de lamento individual y colectivo.

En efecto, la descripción del dolor es intensa y extensa, y el poeta reclama abiertamente del pueblo la conversión, el arrepentimiento y la contrición para obtener el perdón divino y ser recipientes de la manifestación extraordinaria de la misericordia del Señor. De esta forma se contrapone en el poema la revisión humilde de la conducta humana con la revelación maravillosa del amor de Dios (Lam 3.40-41), que ciertamente es perdonador y restaurador.

El cuarto poema de las Lamentaciones (Lam 4.1-22) continúa la descripción del dolor y prosigue la presentación de las desgracias que hieren a Sión, forma poética que identifica a la ciudad de Jerusalén. De singular importancia en el lamento es la herida mortal que le infligió la devastación de Babilonia a los valores y las instituciones nacionales. En estas descripciones pictóricas, para poner de manifiesto la responsabilidad del pueblo en las manifestaciones del juicio divino, se compara la responsabilidad y culpa de los ciudadanos de Judá y Jerusalén con el pecado indescriptible de la antigua y legendaria ciudad de Sodoma (Lam 4.6). Sin embargo, el poema no culmina con una palabra de juicio y desolación, sino que incorpora un mensaje de esperanza y seguridad. En efecto, el exilio no es la palabra final de Dios al pueblo, y tendrá su fin; y entonces, se manifestará la redención y salvación de Dios (Lam 4.22).

El poema final del libro (Lam 5.1-22) tiene por título, en algunas versiones en los idiomas griego y latino, «Oración del profeta Jeremías». Y el objetivo del cántico, como se insinúa en esa presentación, es la intervención salvadora de Dios, la redención divina que permita la restauración nacional. Este poema es como la oración final del libro que quiere enfatizar la importancia de la manifestación plena de la misericordia y el amor de Dios para poder lograr la renovación y transformación del pueblo. El mensaje último del libro a sus lectores es el reclamo de la misericordia, tema que cobrará importancia capital en la literatura postexílica en la Biblia.

Teología

La teología de las Lamentaciones no es el fruto desesperado de alguna persona frustrada en la crisis. Ni es la respuesta irracional e impensada a las dificultades relacionadas con la angustia del exilio y la deportación. Por el contrario, es una teología que intenta descubrir razones, desea comprender motivos, anhela entender el origen de las dificultades que azotaron a la comunidad de Judá, particularmente a los ciudadanos de Jerusalén con la invasión de los ejércitos babilónicos. El libro va, de forma gradual pero continua, buscando significado a la debacle y cambió permanentemente la vida del pueblo.

Una lectura cuidadosa de los cinco cánticos descubre un interés singular en promover el análisis sobrio de los acontecimientos; existe, en esta literatura, un deseo de promover el examen ponderado, tanto individual como colectivo, que ayude a identificar los orígenes del mal para allegarse ante Dios, con súplicas y arrepentimientos, para recibir la redención y salvación divinas. Y esa búsqueda honesta descubre en el pecado nacional la razón del juicio divino. En efecto, el rechazo de los mensajes proféticos a la conversión precipitó esta dificultad nacional que tiene repercusiones devastadoras en todos los sectores de la sociedad.

Un aspecto importante de este tipo de teología contextual es que descubre que Dios ha actuado no como colaborador del pueblo y apoyo en la dificultad, sino como enemigo de la comunidad. En efecto, según los poemas Dios mismo se convirtió en el enemigo que devastó el pueblo de Israel, destruyó sus palacios y su templo, y llenó a los ciudadanos de Jerusalén de llantos, lamentos y congojas (Lam 2.5).

En la tradición de los antiguos profetas de Israel, las Lamentaciones presentan a un Dios justiciero y firme, que responde con dignidad y valor a los pecados del pueblo. En efecto, el Dios de las Lamentaciones no está observando la historia de lejos, sin intervenir, actuar o inmutarse; por el contrario, es una divinidad que actúa, pero en esta ocasión, por las maldades nacionales, su intervención es de juicio y destrucción. Y en esa misma vena profética, los cánticos de las Lamentaciones reafirman la importancia del arrepentimiento y la contrición para disfrutar el perdón divino y gozar la misericordia de Dios (Lam 5.21-22).

No son las Lamentaciones una concatenación depresiva de poemas de dolor, ni se debe estudiar estos cánticos como expresiones que se basan en la desesperanza y la frustración. Dios no ha abandonado a su pueblo; el Señor no ha dicho la última palabra en torno a Jerusalén; no se ha cerrado la posibilidad de redención y salvación de Israel. En efecto, la posibilidad de redención y las alternativas de liberación no son remotas.

El Dios de las Lamentaciones está presente en el dolor, se manifiesta en el juicio, interviene en la angustia y prepara el camino de la restauración nacional. Para los poetas de nuestro libro, la catástrofe destructiva que ha herido profundamente al pueblo jerosolimitano es transitoria y educativa, pues tiene como finalidad última enseñarle al pueblo el resultado de la infidelidad, el producto de la desobediencia, las implicaciones de la rebeldía. Y aunque es el pecado la causa básica de la tragedia y el dolor, la misericordia divina se sobrepone a esas actitudes pecaminosas y mueven a Dios al perdón. El mensaje teológico de las Lamentaciones es que, aunque los dolores que afectan a la humanidad pueden ser devastadores y angustiantes, la esperanza siempre está presente, pues aunque la comunidad reciba el resultado de sus acciones fallidas, la misericordia divina no se agota, siempre es una posibilidad real.

La teología del libro de las Lamentaciones ha servido para expresar históricamente el dolor en las sinagogas por las destrucciones del templo de Jerusalén, tanto en el 587 a. C. como en el 70 d. C. Además, esa misma teología en círculos cristianos se ha utilizado para describir el dolor intenso e ingrato de la pasión y muerte de Jesús de Nazaret. En efecto, estos poemas brindan a los creyentes las palabras adecuadas y los sentimientos precisos para articular y expresar los dolores más hondos y las quejas más sentidas cuando la crisis, el problema y la adversidad afecta, de manera inmisericorde y hostil, tanto a las personas como a las comunidades.

5

✿ El libro de Job

Al llegar a este punto, Job se levantó, se rasgó las
vestiduras, se rasuró la cabeza,
y luego se dejó caer al suelo en actitud de
adoración. Entonces dijo:
«Desnudo salí del vientre de mi madre,
y desnudo he de partir.
El Señor ha dado; el Señor ha quitado.
¡Bendito sea el nombre del Señor!»
A pesar de todo esto, Job no pecó ni le echó
la culpa a Dios.

Job 1.20-22 (NVI)

Tema, título, canon y texto

El gran tema del libro de Job se relaciona con la justicia divina y el sufrimiento de las personas inocentes y justas. La teología que presupone la obra es la de la retribución que relaciona directamente las virtudes humanas y la prosperidad, a la vez que asocia las desgracias con los pecados de las personas. En efecto, este tipo de convicción teológica destaca la relación íntima entre las virtudes personales y la bonanza material, y entre las adversidades y las maldades humanas.

Aunque no se ofrece soluciones definitivas al problema enigmático del dolor humano y a las paradojas inexplicables de la justicia divina, el libro de Job responde a estas interrogantes complejas y cruciales con una invitación a confiar en la misericordia de Dios, aunque el fundamento de las dificultades y las respuestas a los reclamos humanos no se entiendan a cabalidad. Sin embargo, en los diálogos de la obra se rechaza claramente la tradicional teología de la retribución y se afirma la sabiduría divina como fundamento indispensable para el desarrollo de una reflexión teológica saludable, liberadora y justa. Desde la perspectiva cristiana, es en el Nuevo testamento que se propone la superación definitiva del mal y el dolor humano a través del sacrificio de Cristo en la cruz del Calvario.

El título de la obra se relaciona directamente con el personaje principal de las narraciones, Job, que es tradicionalmente recordado en las narraciones bíblicas como una persona justa y paciente (Ez 14.14, 20; Stg 5.11). Además, no han faltado comentaristas cristianos se han visto en la figura heroica de Job una anticipación simbólica de los sufrimientos injustos de Jesús. El significado del nombre de Job es difícil de determinar con precisión. De acuerdo con algunas fuentes extrabíblicas, la palabra puede transmitir la idea «¿Dónde está mi padre?», y padre, en este contexto, pudiera ser es una alusión indirecta a Dios. En el mundo hebreo, sin embargo, se puede relacionar el nombre con la raíz semítica *'yb*, que se asocia con las ideas de enemistad, hostilidad, adversidad. En este caso, el nombre, en sentido activo, significaría «enemigo» o «agresor», en referencia a su actitud firme en contra de la teología tradicional de la retribución; o en sentido pasivo, «aquella persona que es hostigada» quizá por Dios o por el Satán para demostrar su rectitud y justicia. Inclusive, si el nombre se evalúa desde la perspectiva árabe, la raíz *'wb*, significaría «aquel que se convierte», en una posible referencia a la actitud de humildad de nuestro personaje al final de la obra, que reconoce la profundidad de la sabiduría divina.

La inclusión del libro de Job en los cánones judíos y cristianos no tuvo detractores significativos. En las Biblias hebreas, y también en las referencias en el Talmud, Job aparece en la tercera sección, conocida como los Escritos o Ketubim, generalmente entre Salmos y Proverbios. En la versión de los Setenta (LXX) se incluye entre Cantar de los cantares y Sabiduría; y en la Vulgata Latina, antes de los Salmos.

De singular importancia en los estudios críticos del libro son las complejidades textuales que presenta la obra. Job, junto al libro del profeta Oseas, es el libro con más problemas y cambios textuales de la Biblia hebrea. El análisis sobrio de los manuscritos revela las siguientes dificultades: transposición de versículos, separación de palabras y frases, omisiones, adiciones y cambios en la puntuación. A estas complicaciones textuales debemos añadir pasajes de difícil comprensión y traducción, y algunas singularidades literarias que son desconocidas en el resto de las Escrituras. Sin embargo, y pese a todas estas dificultades, los manuscritos descubiertos en el mar Muerto corroboran la fidelidad del texto masorético. La Septuaginta (LXX) presenta un texto más breve, que posiblemente proviene de otros manuscritos hebreos.

Estructura y formación del libro

De acuerdo al análisis sistemático de la obra, se pueden distinguir y diferenciar varias secciones literarias y temáticas. Y una posible estructura del libro sería la siguiente:

* El prólogo: 1.1-2.13
* Tres ciclos de diálogos de Job con sus amigos: Elifaz, Bildad y Sofar: 3.1-26.14
* Un soliloquio de Job: 27.1-31.40
* El himno a la sabiduría: 28
* Los discursos de Elihú: 32.1-37.24
* La teofanía en la tempestad: 38.1-42.6
* El epílogo: 42.7-17

Esta estructura, que identifica temas, personajes, estilos literarios, interlocutores y teologías, revela algunas complicaciones que no deben pasas desapercibidas. De particular importancia son las diferentes perspectivas que se tienen de Dios en las diversas secciones, y también las variantes en la presentación de nuestro protagonista. El análisis sobrio es estas particularidades nos permitirá comprender mejor la obra e identificar sus contribuciones teológicas.

La imagen que la obra brinda de Dios es dual. Mientras que en las secciones narrativas del libro (prólogo y epílogo) se presenta una divinidad que dialoga, cercana, íntima, preocupada por el bienestar de Job, en las secciones poéticas de la obra se manifiesta un Dios poderoso, imponente, firme y soberano. Esas diferencias teológicas deben ser explicadas de forma inteligente y sabia.

Además, en las secciones narrativas se utiliza con frecuencia el nombre personal de Dios (Yahvé o Jehová; en 23 ocasiones), que en las partes poéticas de diálogos se incluye muy pocas veces (6 ocasiones). Por su parte, en el prólogo y en el epílogo nunca se utilizan los siguientes nombres de Dios, que son frecuentes en los diálogos poéticos: *El, Eloah* y *Shaday* (que aparecen, respectivamente, en 55, 41 y 31 ocasiones). A esas diferencias teológicas debemos añadir otras variaciones en la personalidad de nuestro personaje. Mientras que en el prólogo Job es paciente, sobrio, reflexivo, prudente y mesurado, en las secciones de diálogos con sus amigos hay un Job rebelde, firme, aguerrido, atrevido, aventurero. Es como si se tratara de dos personajes diferentes, dos protagonistas con el mismo nombre pero con personalidades variadas.

Referente al tema principal de la obra, las secciones narrativas destacan la rectitud, la justicia y la paciencia de Job; mientras que en el resto del libro los temas que se enfatizan son el sentido de la vida, el dolor incomprensible de las personas y la sabiduría y providencia divinas. En efecto, el estudio cuidadoso de la obra distingue las diferentes secciones del libro de Job, y descubre singularidades que posiblemente se relacionan con la compleja y larga historia de redacción y composición del libro.

Una obra de magnitud, complejidad, alcance e importancia como la de Job es el resultado de un proceso largo y complejo de redacción y edición. En la actualidad se piensa que las secciones más antiguas del libro son las porciones narrativas (prólogo y epílogo), a las que se fueron añadiendo, de forma paulatina a lo largo de los siglos, los diálogos de Job con sus amigos (Job 3.1-27.23; 29.1-31.40), la teofanía (Job 38.1-2.6), las reflexiones de Elihú (32.1-37.24) y finalmente el famoso himno a la sabiduría (Job 28). Ese proceso culminó en la época postexílica, hacia el siglo v a. C. o, a más tardar, cerca del año 250 a. C., y debe haber comenzado con algunas narraciones orales en la época premonárquica; quizá inclusive provienen de la época patriarcal. Posiblemente el tema del sufrimiento del justo es una reacción teológica a la experiencia del exilio del pueblo judío en Babilonia.

Esta comprensión de la obra puede ser corroborada al evaluar la influencia del lenguaje arameo que contiene la obra, que pone de relieve el período postexílico temprano, o quizá la primera mitad del siglo v a. C. El descubrimiento y análisis de la teología de la retribución también apunta hacia esa misma época.

La antigüedad de algunas porciones del libro no está en disputa. Por ejemplo, no se hace referencia al sacerdocio y el culto centralizado, y Job y sus amigos ofrecen sus sacrificios en lugares no definidos (Job 1.5; 42.8); además, la riqueza y la prosperidad se evalúan en términos de rebaños y esclavos, que identifica la época patriarcal. No puede ignorarse, al evaluar la antigüedad del marco de referencia del libro, los paralelos con la literatura sumeria, egipcia, cananea y mesopotámica. Posiblemente, la referencia en el libro del profeta Ezequiel (Ez 14.14, 20) a la figura de Job, junto a Noé y Daniel, revela que existía algún tipo de epopeya antigua que aludía a un personaje con el nombre del protagonista de nuestro libro que pasó muchas dificultades y vicisitudes en la vida.

Contenido

El libro de Job puede dividirse en tres grandes secciones literarias y temáticas: el prólogo (Job 1.1-2.13) y el epílogo (Job 42.7-17), que son narraciones en prosa que se convierten en una especie de paréntesis estructural de la obra; y la parte central (Job 3.1-42.6), que es esencialmente un gran bloque poético. En esas tres partes se desarrolla la trama de Job, que va desde sus logros personales y familiares, y vicisitudes, pasando por sus reflexiones teológicas y diálogos con sus amigos, para finalizar con su restauración y afirmación teológica.

Job 1.1-2.13: la sección inicial del libro es un gran prólogo que ubica al personaje central de la obra en su adecuado contexto geográfico, religioso, familiar y existencial. En efecto, se trata de la narración de un drama que presenta a su protagonista como una persona profundamente religiosa, íntegra y grata; además, se indica claramente que gozaba del favor divino, a juzgar por sus logros, propiedades y familia.

De acuerdo con el relato, Job vive en Uz, cuya ubicación se relaciona con las tierras de Edom, según algunos intérpretes, al oeste de Palestina (véase Gn 36.28; Jer 25.20; Lam 4.21); o, de acuerdo a otros comentaristas, en la región aramea de Haurán

(Gn 10.23; 22.21; 2 Cr 1.17). En cualquier caso, la referencia geográfica ubica a nuestro personaje fuera de las tierras de la antigua Canaán o Palestina, que es una manera de universalizar la narración e internacionalizar las enseñanzas. En efecto, el relato no es únicamente israelita, pues las implicaciones éticas y morales de las reflexiones teológicas que se incluyen en el libro sobrepasan los límites nacionales: el sufrimiento de las personas justas e íntegras, que la teología de la retribución tradicional no podía explicar adecuadamente.

El entorno teológico de la obra presenta a un Job que vive en paz, seguridad, prosperidad, abundancia, espiritualidad y armonía, algo que, de acuerdo con las comprensiones religiosas de la época, eran signos indiscutibles de la bendición divina (Job 1.4-5). Hasta que llega a escena el Satán, que significa «adversario» o «acusador», solicita los permisos divinos pertinentes para probarlo con dureza y vehemencia. Ese es el contexto teológico de las pruebas de Job, que lo llevan al sufrimiento y la pérdida de todo lo significativo, lo que consideraba signos de bendición de Dios, símbolo de la gracia divina.

Este episodio desafía la teología tradicional en torno a las tentaciones, las pruebas y los sufrimientos. El Satán llega directamente a la corte celestial para solicitar permiso para tentar a Job (Job 1.6-12), que era prototipo adecuado de lealtad y fidelidad ante Dios. Y cuando la sinceridad e integridad de Job es seriamente cuestionada, Dios le permite al Satán proseguir con sus planes de tentación.

La primera de las tentaciones representa la totalidad de las posibles calamidades y desgracias humanas (Job 1.13-19): la herida llega a sus sirvientes, riquezas, hijos e hijas. Posteriormente se complican aún más las dificultades. En la segunda prueba (Job 2.1-6) la angustia lo azota personalmente y su cuerpo queda lleno de llagas y dolores. El dolor es aún mayor, pues su esposa le insta a rebelarse contra Dios, fuente de su esperanza y seguridad.

Job, ante tales pruebas, dolores, calamidades, enfermedades y crisis de pérdida, decide mantener su fidelidad ante Dios. La expresión final de la narración pone de manifiesto la teología implícita en el relato y revela las respuestas de Job ante las tentaciones y pruebas a las que era sometido de forma inmisericorde: Job no pecó aún en medio de todos estos problemas (Job 2.10).

Job 3.1-26.14: de la primera sección narrativa se pasa a la poesía. El propósito es presentar las reflexiones de tres de sus amigos que llegan para consolarlo, apoyarlo o ayudarlo en ese momento de dificultad extrema y angustia personal, familiar y fiscal. Provienen posiblemente de tres ciudades de la región de Edom, aunque la ubicación precisa no es posible. Los amigos de Job son Elifaz, Bildad y Sofar, que llegaban de Temán, Súaj y Naamat, respectivamente.

Luego de ver a su amigo en medio de sus problemas y dolores, y al pasar siete días de silencio absoluto, comienza una serie intensa de diálogos y reproches que ponen en clara evidencia las preocupaciones más intensas y serias de los visitantes, y revelan la teología imperante de la retribución; además, esos mismos diálogos enfatizan la firmeza de carácter de Job, que no se amilana ante los sólidos argumentos teológicos de sus amigos.

Los reproches y las acusaciones ante nuestro protagonista son tradicionales, pues relacionan sus sufrimientos y desgracias con algún pecado que, aunque encubierto y silencioso, tiene repercusiones nefastas en la vida. La teología implícita de los argumentos es que Dios actúa como un juez severo e inflexible, que castiga inmisericordemente el pecado de las personas malas y que, asimismo, premia las bondades de la gente buena.

La solución al dilema de Job, según sus amigos, era convertirse verdaderamente a Dios y arrepentirse de su pecado para recuperar el favor divino y su estabilidad personal, familiar y social. Son ocho los discursos que se esgrimen con esa misma teología, y las respuestas de Job son firmes, decididas y sistemáticas: como él siente que no ha pecado, intenta llegar, inclusive, hasta la misma presencia divina para presentar su caso y ser hallado inocente. No es el Job pasivo y sumiso del prólogo; en estos diálogos presenta una voz firme, clara, definida, segura.

Job 27.1-37.24: los diálogos intensos con sus amigos culminan con un extraordinario soliloquio de Job, en el cual proclama una vez más y con más vehemencia su inocencia. Nuestro protagonista reafirma sus convicciones más profundas y pone de manifiesto una teología alterna de seguridad personal y esperanza. Sus amigos salen de escena mientras Job defiende una vez más su acusación. No se detiene ante argumentos trillados e injustos; no se amilana ante reproches injustos y vejaciones impropias; y no calla ante la injusticia y el prejuicio ingrato.

Las afirmaciones de Job se interrumpen con un poema de extraordinaria belleza y virtud teológica. Es un poema dedicado a la sabiduría, muy bien ubicado en el libro, pues destaca la importancia práctica de la sabiduría para la comprensión adecuada de los problemas complejos de la existencia humana. Su propósito es pedagógico, su finalidad didáctica, su meta instructiva. Además, prepara el camino para una singular intervención divina que destaca la gran sabiduría de la creación.

La enseñanza del poema es clara: aunque las personas puedan comprender la naturaleza de los conflictos personales y de las angustias humanas, al camino que llega a la sabiduría solo se accede con la ayuda divina, con el apoyo de Dios, con la iniciativa del Señor. Ese tipo singular de conocimiento, comprensión sabia de la existencia e inteligencia, solo proviene de la revelación divina, pues no se puede encontrar en el mundo natural de las personas. La sabiduría real, verdadera y significativa se relaciona con el temor a Dios, que es una manera de allegarse ante el Señor con humildad y sencillez. Y la inteligencia es la aplicación adecuada de esa singular sabiduría que solo proviene de Dios.

Luego del poema a la sabiduría (Job 28), nuestro protagonista hace un recuento grato de su vida pasada (Job 29.1-31.37), de sus logros, del bienestar de su familia, de su felicidad, de su intimidad con Dios, de su prestigio, de su fama… Y contrasta ese estado de prosperidad y felicidad con sus realidades presentes: humillación, dolor, burla, hostilidad, abandono, sufrimiento, desesperanza, desorientación, enfermedad… El contraste es claro y directo: ¡Job había pasado de la abundancia a la mendicidad! Y el reconocimiento de su grave condición le hace inquirir nuevamente ante Dios, le mueve de nuevo a presentar sus quejas, le impele a articular una vez más su caso.

Dios contesta los argumentos de Job, pero antes de su respuesta firme un nuevo interlocutor llega a escena: Elihú, hijo de

Baraquel, el buzita, de la familia de Ram (Job 32.2), que no había intervenido en los diálogos anteriores por ser el más joven el grupo. En sus argumentos reprocha a sus predecesores no haber encontrado respuestas al dilema de Job y avanza de esa forma nuevos argumentos. Para el joven amigo de Job los sufrimientos son una especia de terapia educativa que contribuye al desarrollo moral de las personas; son, en efecto, de acuerdo con estos argumentos, una amonestación y advertencia contra el pecado, particularmente del orgullo. Desde esta perspectiva teológica, los sufrimientos y las desgracias de Job estaban en esta vena educativa de Dios, y tenían, entonces, alguna justificación.

Job 38.1-41.34: esta sección incluye la respuesta divina a los argumentos de Job. Es una teofanía extraordinaria que se manifiesta en forma de tormenta y tempestad. Y esta revelación divina se pone en evidencia clara cuando los discursos de Job y los argumentos de sus amigos han probado ser inadecuados para comprender las complejidades del sufrimiento humano.

La respuesta divina se articula en dos secciones, divididas por una intervención muy modesta de Job, en la que reconoce humildemente sus limitaciones ante la majestad de Dios (Job 40.3-5). En la primera sección, Dios responde con una serie concatenada de preguntas retóricas que tienen la intensión de poner de relieve el poder divino y la pequeñez humana. La finalidad es destacar la sabiduría y la omnipotencia de Dios. Y las imágenes son poderosas y gráficas: lo insondable de la naturaleza y las actividades de los animales.

Las respuestas de Dios, en la segunda sección, se relacionan directamente con las fuerzas humanas que no pueden compararse con el poder divino. Y ante tal demostración de poder y autoridad, Job reconoce su pequeñez e impotencia... La sabiduría y el poder divino prevalecen, y nuestro protagonista se retracta de sus argumentaciones humanas estériles ante Dios. Y es en ese singular contexto de humildad que la obra incluye una de sus afirmaciones teológicas más importantes: «De oídas te había oído», afirma Job, «mas ahora mis ojos te ven»... Ese reconocimiento le lleva al arrepentimiento profundo y sincero, en polvo y ceniza, símbolos clásicos de la contrición (Job 42.1-6).

Job 42.7-17: en la sección final de la obra Dios mismo refuta los argumentos simplistas e inapropiados de Job, y particularmente los de sus amigos. Dios no funciona en la vida de manera mecánica, superficial y arbitraria; y las reflexiones humanas racionalistas y estereotipadas no pueden comprender adecuadamente la sabiduría divina ni pueden contener el poder de Dios.

Teología

No actúa Dios en medio de la historia humana como una fuerza impersonal e irracional que interviene de manera mecánica y actitud ciega en la implantación de la justicia. Mientras que a los amigos de Job se les requiere arrepentimiento y sacrificios por sus interpretaciones teológicas impertinentes, Dios distingue a Job por ser justo y buscar la verdad. Afirma el Señor a nuestro protagonista, pues, aunque no comprendía bien los alcances de la revelación de Dios ni entendía mucho las dimensiones de la voluntad divina, se mantuvo íntegro en sus posturas y no sucumbió ante las soluciones fáciles, superficiales e impropias de sus amigos. En efecto, para Dios la integridad es un valor ético indispensable y fundamental que se relaciona directamente con la santidad.

La conclusión del libro presenta a un Job restablecido y renovado. Su integridad le llevó a la victoria sobre la incomprensión y la superficialidad. Su determinación le hizo merecedor de la bendición divina. Su entereza de carácter le hizo ganar el respeto de la comunidad, el aprecio de su familia y la bendición de Dios.

De la lectura sobria y detallada del libro se desprenden varios valores teológicos que no pueden pasar desapercibidos. Entre ellos se pueden enumerar los siguientes: la afirmación de Dios como creador, Señor y soberano de la historia humana; la intervención sabia de la providencia divina; el significado profundo del sufrimiento humano; y las relaciones estrechas entre varios conceptos teológicos de gran peso específico: por ejemplo, creación y salvación, justicia y sabiduría, responsabilidad y retribución, fe y razón, conocimiento humano y revelación divina.

La gran afirmación teológica del libro de Job es que la vida tiene sentido, aunque, en ocasiones, la comprensión plena de lo que sucede escapa al análisis ponderado y sobrio de la inteligencia y la sabiduría humana. La gente que, como Job, mantiene su integridad ante los diversos embates de la vida, recibe y disfruta la recompensa divina.

6

❁ El libro de los Proverbios

Proverbios de Salomón hijo de David, rey de Israel:
para adquirir sabiduría y disciplina;
para discernir palabras de inteligencia;
para recibir la corrección que dan la prudencia,
la rectitud, la justicia y la equidad;
para infundir sagacidad en los inexpertos,
conocimiento y discreción en los jóvenes.

PROVERBIOS 1.1-4 (NVI)

El libro

El libro de los Proverbios representa lo mejor de la literatura sapiencial e incluye los testimonios más elocuentes y posiblemente antiguos de esa importante tradición teológica y educativa de la Biblia. En efecto, la obra es el fruto grato de una muy larga experiencia didáctica del pueblo de Israel, que pone de relieve claramente la sabiduría y la prudencia que emana de los diversos círculos de la antigua sociedad israelita, de los diferentes contextos nacionales: por ejemplo, la corte del monarca, las dinámicas familiares, las enseñanzas de los ancianos y sabios del pueblo, los diversos contextos y dinámicas individuales y comunitarias, y en la sociedad en general.

La palabra hebrea que tradicionalmente se traduce como «sabiduría» es *hokmah*, y describe el fruto sobrio de las observaciones de las diversas dinámicas de la existencia humana. Nada de la experiencia diaria de las personas le es ajena a la sabiduría, porque le interesa explorar las instrucciones que se ponen de manifiesto en la cotidianidad de los individuos y las sociedades. En efecto, la sabiduría contiene las enseñanzas que provienen y se desprenden de la evaluación sosegada y sobria de la vida diaria, con sus posibilidades y desafíos.

La naturaleza de las enseñanzas y de la sabiduría que se pone en evidencia en el libro de los Proverbios es esencialmente popular. Son observaciones que se generan del análisis de las experiencias de la vida, resultado de las reflexiones que se basan en la existencia humana. No provienen estos proverbios de la especulación ni de los círculos teológicos, académicos y filosóficos del pueblo; por el contrario, surgen de la vida diaria, de lo cotidiano, de lo común, de lo real, de lo inmediato. Los proverbios son frases generalmente cortas que contienen enseñanzas orientadas a colaborar con el proceso educativo de generaciones, y porque son dichos breves y poéticos se facilita la memorización y el aprendizaje. Y las repeticiones y reiteraciones de los temas y los dichos en el libro revelan, en efecto, esas mismas características en la vida, que consiste en la repetición continua de experiencias en la existencia humana.

El título hebreo de la obra es literalmente «Proverbios de...», pues el hebreo *mishle* proviene de *mashal* que significa proverbio. De acuerdo con el libro, estos proverbios se asocian con Salomón, el rey sabio por excelencia en el Israel antiguo (Pr 1.1; 10.1; 25.1). En la versión de la Septuaginta (LXX) el título del libro es *paroimíai*, que dio paso a las traducciones latinas y castellanas de «Proverbios». Generalmente se le conoce como «Sabiduría de Salomón».

En hebreo, *mashal* es un tipo de enseñanza corta y sencilla que se fundamenta en alguna observación y que produce buenas recomendaciones para la vida diaria. Y en el contexto general de la literatura sapiencial y del libro de los Proverbios, específicamente, se trata de comparaciones, declaraciones éticas y morales breves, máximas cortas, acertijos, y hasta enseñanzas numéricas y juegos de palabras... Los proverbios son primordialmente enseñanzas morales, éticas, religiosas y espirituales, que se basan en las experiencias milenarias en la vida del pueblo de Israel. Esos valores y principios se han articulado en formatos concisos y utilizan diversos recursos retóricos del lenguaje en sus procesos de comunicación.

En el canon hebreo, los Proverbios se incluyen entre los Salmos y Job; y en las Escrituras cristianas, luego del salterio. Algunas posibles incoherencias internas (Pr 26.4-5) y las referencias a la personificación de la sabiduría en el libro (Pr 7.6-23) hicieron que algunos rabinos debatieran si debían o no incluir la obra en la Biblia. Sin embargo, con el tiempo y lecturas más sobrias del material, la obra recibió el reconocimiento preciso y la aceptación adecuada para su inclusión en el canon. Ya para la época cristiana, el aprecio al libro de los Proverbios era general, como ponen en evidencia clara las diversas citas y alusiones que se incluyen en el Nuevo Testamento (p. ej., Ro 12.17; Heb 12.5-6, 13; 1 P 5.5).

La transmisión textual del libro se ha llevado a efecto con muchas variaciones y alteraciones. Quizá las formas poéticas tan breves e intensas dificultaron la comprensión del material a los copistas, que intentaron hacer los proverbios más asequibles y comprensibles al pueblo. Algunas versiones griegas antiguas cuentan con ediciones que incluyen muchos proverbios y frases que no se incluyen en el texto hebreo, al igual que el texto de la Peshita, que es la versión siríaca de la Biblia. En la Septuaginta (LXX) el orden de la segunda sección de proverbios de Salomón se incorpora de manera diferente al que aparece en el texto masorético.

Formas literarias y estructura

Al tomar en consideración los diversos títulos, los temas variados y algunas características literarias de los proverbios, se puede identificar una especie de estructura interna en la obra que puede contribuir positivamente a la comprensión adecuada y amplia del libro. El prólogo de la obra afirma que el único camino para alcanzar la sabiduría es el «temor a Dios» (Pr 1.1-7), que es la forma hebrea de aludir al respeto, el reconocimiento, la reverencia, el aprecio, la devoción y la humildad con que los creyentes se acercan ante Dios y expresan de esa forma sus sentimientos más hondos ante el Señor.

El propósito de la sección inicial del libro (Pr 1.1-9.18) es articular ante las nuevas generaciones, y también frente a los grupos no tan jóvenes, las reflexiones sabias y sobrias que se fundamentan en las observaciones, de los años y los siglos, de la gente sabia e inteligente del pueblo. La finalidad es brindar algunas pistas para el comportamiento adecuado y las actitudes correctas en los diversos órdenes de la existencia, que tiene instancias muy complejas y dimensiones difíciles de comprender. Este prólogo, que tiene algunas peculiaridades literarias diferentes a las que se manifiestan en el resto del libro, parece haber sido incorporado para introducir la obra y para ubicar el contenido de sus enseñanzas en su contexto literario y temático adecuado. Es una especie de invitación a adquirir y disfrutar la sabiduría; y es una manera directa de incentivar la vida sobria y digna, que se desprende de una serie importante de valores éticos, nobles y gratos.

El inicio del libro de los Proverbios se trata de una exhortación extensa de un padre a un hijo, que le invita abiertamente a adquirir la verdadera sabiduría, pues es generadora de felicidad y bondad. Y en el contexto de estas enseñanzas la sabiduría se personifica y dirige su palabra y mensaje a la humanidad en general, y a la gente sencilla en particular (Pr 1.20-33; 8.1-36; 9.1-6). El mensaje claro y definido de la sabiduría es a rechazar abierta y firmemente la insensatez y la arrogancia, que propician la destrucción y la ruina; además, reclama la intimidad con Dios, que se caracteriza como el temor, la reverencia y el respeto que produce la sabiduría. En efecto, la sabiduría presenta una invitación directa a dejar la necedad y la imprudencia, e identifica sus dos adversarios principales: los hombres necios (Pr 1.7b; 2.12-15; 6.6-15) y las mujeres impropias (Pr 2.16-19; 5.1-14; 7.1-27).

El género literario que mayormente se utiliza en el prólogo del libro es el de la instrucción, en el cual se destaca el uso reiterativo de expresiones imperativas, que tienen como finalidad básica incentivar la obediencia y fomentar el amor a la sabiduría (Pr 1.8-19; 3.1-12, 21-35; 4; 5; 6.1-5, 20-35; 7.1-5, 24-27). Además, en esta sección se utiliza también el género autobiográfico (Pr 7.6-23) para complementar el mensaje de la sabiduría.

El corazón del libro lo componen dos grupos de proverbios que se asocian, directamente, con el rey Salomón (Pr 10.1-22.16; 25.1-29.27). El primer grupo constituye una sección mayor de todo el libro, y está primordialmente compuesta por dichos breves e independientes que se caracterizan por la elaboración de temas opuestos: lo justo y lo impío, la persona sabia y la necia, la gente diligente y la ociosa, lo que Dios aprecia y lo que rechaza... ¡son como 375 dichos! Además, se incluyen algunos proverbios relacionados con el rey, que debe apoyar los proyectos divinos en la sociedad (16.10-16; 20.26-21.3).

La segunda sección de proverbios de Salomón pone de relieve el tema del amor a las posesiones y dinámicas humanas, porque son manifestaciones concretas de la sabiduría creadora de Dios. Además, en este grupo de proverbios se explora el tema de la retribución, y se reflexiona sobre algunos asuntos de importancia para la existencia humana diaria. Quizá esta sección estaba orientada a educar y formar a los jóvenes príncipes de la corte real.

Entre esas colecciones de dichos y enseñanzas se incorporan dos grupos de proverbios de los sabios (Pr 22.17-24.22; 24.23b-34), que enfatizan los deberes hacia el prójimo y afirman algunos valores de importancia ética, como la templanza y la prudencia. Son 50 proverbios que exponen con claridad las enseñanzas del maestro al estudiante, y donde predomina la persuasión. Se trata de consejos en torno a la vida diaria, referente a la comida y la bebida, y el trato efectivo a las mujeres extranjeras y el uso adecuado de los bienes y las riquezas.

Luego del segundo grupo de proverbios de Salomón, se incluyen los de Asur (Pr 30.1-14), un grupo singular de proverbios numéricos (Pr 30.15-30), las enseñanzas de Lemuel, rey de Masá (Pr 30.1-9), para llegar finalmente al poema dedicado a la mujer virtuosa o a la esposa ideal, que se construye en una forma alfabética muy elegante y singular (Pr 31.10-31). Son proverbios que se han añadido para que sirvan de epílogo al libro. Posiblemente provienen de la época postexílica.

El texto de la mujer virtuosa (Pr 31.10-31) es un poema acróstico alfabético que establece relaciones con el prólogo del libro (Pr 1.1-9.18). Esa mujer ideal es la encarnación de la sabiduría, a la que ya se ha aludido previamente.

Autores y fecha de composición

De acuerdo con el testimonio interno de la obra, el libro de los Proverbios se relaciona directamente con Salomón, que era el personaje sabio por excelencia. Inclusive, la tradición bíblica le atribuye al famoso monarca israelita más de 3,000 proverbios (1 R 5.12). Y de esa importante tradición se identifican dos secciones en nuestro libro relacionadas directamente con Salomón.

Como el libro se trata de una colección grande de dichos breves y poemas, lo más probable es que provengan de diferentes épocas y de lugares variados. Es importante señalar, sin embargo, que varias colecciones pueden llegar de la época salomónica directamente (Pr 10.1-22.16; 25.1-29.27); inclusive, algunos proverbios pudieran asociarse con Salomón o con su corte.

La identificación de estas secciones como literatura antigua se fundamenta principalmente en la antigüedad de las expresiones lingüísticas, en la brevedad y sencillez de las enseñanzas, y en las referencias importantes a una monarquía firme y de esplendor (Pr 16.12-15; 20.8, 26, 28). Algunos estudiosos piensan que en la corte de David y Salomón se estableció un grupo de escribas que se dedicaban a redactar y coleccionar proverbios, y que llegaron hasta la época del rey Ezequías (Pr 25.1).

La formación e incorporación de otras secciones del libro tienen explicaciones más complejas. Puesto que no conocemos quienes eran los llamados «sabios» a los que se refiere el libro, se nos hace difícil determinar el contexto histórico en que pudieron haber vivido y trabajado. Varios estudiosos, sin embargo, piensan que provienen de épocas previas a la monarquía de Ezequías. Y los proverbios de Asur y Lemuel se relacionan con sabios israelitas que posiblemente vivieron fuera del territorio nacional, pero que contribuyeron a la sabiduría del pueblo.

El prólogo y el epílogo provienen de la época postexílica y sirven para darle el contexto temático y literario adecuado a la obra. Son secciones más desarrolladas teológicamente, y desean brindarle a la obra un entorno uniforme y coherencia. Posiblemente se incorporaron en el libro en algún período de paz, quizá en la época persa, un poco antes de la llegada de Esdras al escenario bíblico (c. 450 a. C.). Por esos años es que se debe haber editado finalmente el libro, aunque algunos de sus proverbios nos llegan de tiempos mucho más antiguos, como la época de la monarquía unida.

La sabiduría en la literatura del Oriente Medio antiguo

El estudio de la literatura sapiencial en general, y de los Proverbios en particular, pone de relieve una serie importantes de afinidades literarias y de paralelos temáticos con la literatura del Oriente Medio antiguo que no pueden pasar desapercibidos. De singular importancia son los documentos descubiertos en Egipto y en la antigua Babilonia.

En Egipto se han descubierto composiciones que manifiestan cierta continuidad estilística y temática con la literatura sapiencial en la Biblia. De singular importancia en este importante cuerpo literario son las siguientes obras: *Instrucción de Ptah-hotep*, *Instrucción de Mari-karé*, *Sabiduría de Ani*, y *Enseñanza de Amenemope*. Y de estas reflexiones existenciales de sabiduría, la obra de Amenemope merece una mención especial, pues manifiesta paralelos y parecidos a una sección específica del libro de los Proverbios (Pr 22.17-23.11).

En la Babilonia antigua también se produjeron obras de sabiduría, complejas y extensas, como la famosa leyenda del llamado Job babilónico, *Lubdel bel Nemequi*. En Siria, específicamente en Ugarit, se pueden encontrar algunos paralelos con los proverbios bíblicos, particularmente en el papel que asigna a las mujeres y a las figuras femeninas, que no es común en la región (véase Pr 31.10-31).

El origen de estos paralelos, similitudes y semejanzas es debatido en la actualidad. Hay estudiosos que ven en estas literaturas dependencias; particularmente, se entiende que la literatura bíblica proviene de la egipcia. Sin embargo, una mejor forma de explicar estas dinámicas puede ser la comprensión de que toda esta literatura internacional proviene del mismo entorno histórico, social, político y religioso, tanto en Egipto como en el Israel antiguo. Y que responden, en efecto, a realidades similares, y reflexionan en torno a sociologías que tienen muchos elementos en común. Quizá toda esta literatura revela continuidades con documentos y reflexiones antiguas que llegaron en la antigüedad a Egipto, Mesopotamia e Israel.

Teología

Aunque la literatura sapiencial se basa en las observaciones, evaluaciones y reflexiones en torno a la vida diaria, el análisis ponderado de sus fundamentos revelan un buen sostén teológico, de acuerdo con los intentos de definición que se presentan en el libro de los Proverbios. Si, en efecto, «el principio de la sabiduría es el temor del Señor» (Pr 1.1-7), entonces esas reflexiones en torno a las dinámicas existenciales y las realidades de la cotidianidad se fundamentan en un andamiaje teológico fuerte, firme y definido.

La evaluación detallada y cuidadosa de los Proverbios pone en evidencia clara que las enseñanzas del libro no están cautivas en el pueblo de Israel y sobrepasan sus fronteras, pues son recomendaciones educativas e instrucciones que deben llegar libremente a toda la humanidad (p. ej., inexpertos, jóvenes, adultos y sabios). El objetivo de la sabiduría, según los Proverbios, es presentar una serie de instrucciones y enseñanzas que permita a las personas alcanzar, disfrutar y compartir valores de gran importancia práctica en la vida, como la justicia, el respeto, la equidad, el perdón y la rectitud. En este sentido, la sabiduría se relaciona con el conocimiento pertinente y adecuado que nos permite vivir a la altura de esos valores éticos y principios morales. Y consiste, la sabiduría, en el conocimiento pleno de lo que se debe hacer para afirmar y celebrar la vida en justicia y rectitud.

Aunque las personas necias y arrogantes desprecian la revelación y la sabiduría divina (Pr 1.7), la gente que teme al Señor alcanza, comprende y disfruta esos principios fundamentales y necesarios para la felicidad plena. La palabra hebrea que se traduce tradicionalmente como «temor», *yir'ah*, transmite en esencia las ideas básicas de respeto, veneración y reverencia. Y ese fundamental concepto de «temor reverente» se asocia con las actitudes religiosas y la espiritualidad que caracteriza a las personas que se allegan ante Dios para adorarle con sinceridad y humildad... Ese temor ante el misterio divino es el entorno que rodea a quienes se presentan en humildad ante el creador, reconociendo que son sus criaturas y que llegan con sencillez ante el Señor, aceptando que son sus siervos. «Temor» es también obediencia y disposición por buscar, descubrir, aceptar y compartir la voluntad divina en medio de las vicisitudes humanas y de los diversos y complejos desafíos sociales, políticos y económicos.

Con la afirmación de que el principio de la sabiduría es el temor al Señor se indica que los procesos que nos permiten comprender la vida y entender sus complejidades comienzan con el reconocimiento humilde y sincero de la realidad divina. Ese reconocimiento es el que nos permite y propicia el discernimiento y entendimiento de las enseñanzas que se ponen de manifiesto en medio de las realidades cotidianas. Y de importancia capital, en torno este singular tema, es entender que ese tipo de «principio» no es un indicador cronológico, sino un marcador del fundamento, de la base, del entronque, de la raíz. «Principio», en este particular contexto de la literatura sapiencial, se refiere básicamente al fundamento sobre el cual se construye el edificio del conocimiento prudente, grato, efectivo, diligente, responsable, sobrio, respetuoso, digno, reverente, humilde, formativo y liberador.

Una peculiaridad literaria adicional de la sabiduría, según se presenta en el libro de los Proverbios, es su personificación. En efecto, en esta importante obra sapiencial la sabiduría se autopresenta (Pr 1.20-32; 8.12-36; 9.1-6) como una realidad existencial que no debe ser desmentida, rechazada o ignorada, y que se impone con fuerza, virtud y firmeza entre las personas. Esa sabiduría personificada, que además tiene la capacidad de disfrutar la vida y el amor, es sensible a las necesidades humanas y a los reclamos personales. En este sentido, es la misma sabiduría la que invita a la gente a vivir de acuerdo con el temor divino para alcanzar el gozo abundante y la felicidad plena.

De acuerdo con los consejos de la sabiduría, las personas deben buscar en el temor al Señor el sentido de la vida, y advierte sobre los peligros de la existencia humana, particularmente de las calamidades que les llegan a quienes abandonan sus valores y enseñanzas. Inclusive, la sabiduría invita a las personas a que se entreguen completamente para descubrirla, entenderla y disfrutarla, y rechaza abiertamente las actitudes de quienes desean hacer caso omiso a los consejos que se basan en la necedad, que también es personificada de forma negativa en la obra (Pr 9.13-17).

Un aspecto de grandes virtudes espirituales e importantes implicaciones teológicas es la elevación de la sabiduría a especiales niveles divinos. En efecto, la sabiduría es eterna (Pr 8.21-31), pues existe desde siempre, desde antes del principio y de los orígenes de la tierra. Además, esa sabiduría, que existe desde el comienzo de la historia y la humanidad, colabora en el fundamental proyecto de creación divina.

Con estas reflexiones y presentación de la sabiduría, la teología en la Biblia hebrea llega a un nivel extraordinario y óptimo de desarrollo filosófico, que, en efecto, preparó el camino para la personificación del Verbo de Dios. De acuerdo con el Evangelio según san Juan, el Verbo divino se relaciona directamente con Jesús de Nazaret (Jn 1.1). Posteriormente, en el canon neotestamentario, se presenta a Jesús el Cristo como la sabiduría encarnada de Dios (Mt 11.19; Lc 11.49; 1 Co 1.24-30; Col 1.16-17).

7

❋ El libro de Eclesiastés o Qohélet

Todo tiene su momento oportuno; hay un tiempo
para todo lo que se hace bajo el cielo:
un tiempo para nacer,
y un tiempo para morir;
un tiempo para plantar,
y un tiempo para cosechar;
un tiempo para matar,
y un tiempo para sanar;
un tiempo para destruir,
y un tiempo para construir;

un tiempo para llorar,
y un tiempo para reír;
un tiempo para estar de luto,
y un tiempo para saltar de gusto;
un tiempo para esparcir piedras,
y un tiempo para recogerlas;
un tiempo para abrazarse,
y un tiempo para despedirse;
un tiempo para intentar,
y un tiempo para desistir;
un tiempo para guardar,
y un tiempo para desechar;
un tiempo para rasgar,
y un tiempo para coser;
un tiempo para callar,
y un tiempo para hablar;
un tiempo para amar,
y un tiempo para odiar;
un tiempo para la guerra,
y un tiempo para la paz.

ECLESIASTÉS 3.1-8 (NVI)

El libro

El libro de Qohélet o Eclesiastés es parte integral de la literatura sapiencial de la Biblia e intenta responder a la pregunta ética más importante de la existencia: ¿de qué le sirve a las personas hacer el bien o el mal, si al fin de cuentas todos llegan al final a la muerte? Y el autor de la obra responde a esa interrogante moral, en primer lugar, con la aceptación sobria del dilema; y, en segundo lugar, con la afirmación sabia que pone de relieve, en la tradición de la literatura de sabiduría, el temor a Dios y el guardar los mandamientos divinos como el fundamento indispensable de las explicaciones a los grandes problemas humanos.

Las dificultades de comprensión que presenta esta obra a las personas estudiosas de la Biblia son muchas, pues la información que tenemos de varios componentes importantes del libro no es del todo conocida. Por ejemplo, nos interesa tener un conocimiento amplio del entorno cultural e histórico en que fue escrito, además de comprender mejor las características lingüísticas que le enmarcan; también nos gustaría saber más de los destinatarios de la obra. En efecto, las dificultades exegéticas y hermenéuticas en torno al Eclesiastés aumentan a medida que disminuye la información de los contextos históricos, culturales y lingüísticos del libro.

El nombre hebreo del libro, Qohélet, es un apelativo que identifica al autor de la obra (Ec 1.1). Es quizá un nombre simbólico que significa, posiblemente, «la persona que convoca una asamblea» o «la que habla en la asamblea», ya sea quien predica, enseña o dirige la palabra al grupo. La versión griega de la Septuaginta (LXX) traduce el término como *ekklesiastés*, de donde proviene el título Eclesiastés, que es la identificación del libro en las traducciones castellanas. El significado de la expresión griega también hace referencia a «la persona que habla o dirige una asamblea».

Aunque en el canon cristiano el libro de Eclesiastés se incluye entre los Proverbios y el Cantar de los cantares para presentar posiblemente un bloque de literatura sapiencial, en las tradiciones hebreas su ubicación es otra. En efecto, Qohélet es el tercero entre los *meghillot*, o rollos, y el sexto entre los Ketubim o Escritos, que constituye la tercera sección mayor de la Biblia hebrea.

El libro de Qohélet se lee específicamente en la fiesta de los Tabernáculos o *Sukkot*, que es una de las tres celebraciones principales en la tradición judía, junto a la Pascua y Pentecostés. Esta singular fiesta tiene dos fundamentos básicos: el primero se relaciona con la agricultura, con los trabajos de la vendimia y recolección del grano; y el segundo pone de relieve un componente religioso de gran importancia: recuerda el peregrinar por el desierto del pueblo de Israel desde Egipto hacia la Tierra Prometida, en el cual habitaron en tiendas de campaña.

La autoridad canónica del libro no fue muy cuestionada entre los estudiosos judíos ni tampoco entre los cristianos. Parece que para el siglo II a. C. ya hay alguna evidencia de su reconocimiento en los diálogos de los rabinos; y posteriormente las iglesias cristianas hicieron lo propio con Eclesiastés. Los fragmentos del libro que se encontraron en Qumrán ponen de manifiesto las virtudes del texto hebreo que no presenta problemas mayores de crítica textual.

Autor, fecha y lugar de composición

Tradicionalmente se ha atribuido la autoría del libro de Eclesiastés o Qohélet a Salomón, el famoso monarca de Israel, reconocido en las Escrituras por su poder, riquezas, sabiduría y capacidad de escribir proverbios. Esa afirmación se desprende de la lectura misma del libro, en la que Qohélet se presenta a sí mismo como hijo de David, rey de Jerusalén, o rey de Israel en Jerusalén (Ec 1.1, 12). Además, quien escribe el epílogo se autodescribe como «sabio», pues trabajó sin descansar creando y escribiendo proverbios y frases (Ec 12.10), que son posibles alusiones a las labores literarias de Salomón (1 R 4.32; 5.12).

La erudición contemporánea reconoce y entiende la dificultad de atribuirle una obra de esta magnitud y complejidad a algún autor en la época monárquica. Aunque se acepta que algunos de los temas expuestos y las formas literarias del libro son ciertamente antiguos, la redacción final de la obra debe haberse llevado a efecto en la época postexílica. Posiblemente alguna persona culta y sabia, conocedora de las tradiciones sapienciales del pueblo, tomó las ideas antiguas y las editó para presentarlas a la comunidad postexílica de Israel. Luego de la experiencia devastadora y crítica del destierro en Babilonia, la sabiduría toma la palabra para comprender y sacar sentido de esa experiencia traumática de la deportación.

Qohélet se escribe, posiblemente, para ser leído, escuchado, estudiado y analizado en círculos de sabios del pueblo de Israel. Quizá, inclusive, la finalidad original de la obra era que sirviera en las reflexiones a estudiantes en procesos formativos; o para ser presentada en alguna asamblea del pueblo. El contexto histórico preciso es, en efecto, muy difícil de determinar. El análisis lingüístico de la obra parece revelar que el hebreo que se utiliza está en transición de la época bíblica a la rabínica (c. 250-200 a. C.); además, se pueden identificar algunas características ortográficas, léxicas y sintácticas que relacionan la lengua con el idioma arameo, común en esos años.

La lectura de las reflexiones del Qohélet revela un contexto socioeconómico que apunta hacia la época de paz y prosperidad que se vivió en Palestina con la dominación de los Ptolomeos. Además, las ideas y teologías expuestas en la obra, particularmente las que se refieren a la retribución, relacionan Qohélet con el período postexílico, quizá por los siglos IV o III a. C.

Las continuas referencias a la ciudad de Jerusalén (p. ej., Ec 1.1, 12, 16; 2.7, 9) y las alusiones repetidas a la región de Palestina, con sus costumbres (Ec 10.9), clima (Ec 11.4; 12.2) y flora (Ec 12.5), hacen evidente que la obra se escribió en las cercanías del templo (véase, p. ej., Ec 5.1-7; 8.10). En efecto, el libro alude a la ciudad con intimidad y confianza, como si sus lectores estuvieran cerca de los contextos mencionados o aludidos.

Características literarias, estructura y contenido

La lectura minuciosa del libro pone claramente en evidencia algunas palabras y varias formas literarias de singular importancia literaria y teológica. En el vocabulario característico de Qohélet se encuentran expresiones que transmiten alguna carga semántica particular: por ejemplo, *hebel*, traducido generalmente como «vanidad»; *'amal*, «trabajo intenso»; *yitrón*, «ventaja», «ganancia», «logro»; *'nyan*, «ocupación»; *re 'ut*, «tormenta», «torbellino», «ventolera»; *shalil* y *rad*, «jefes», «príncipes». Además, sus intensas y continuas formas literarias le brindan al libro continuidad de pensamiento, coherencia teológica, singularidad temática: por ejemplo, los dichos populares (Ec 4.9, 12); proverbios (Ec 7.1); diversas formas de paralelismos poéticos (Ec 1.15, 18; 7.7; 10.8, 9, 18; 11.4); comparaciones (Ec 2.12; 7.6, 12); dichos sapienciales (Ec 7.1-8); relatos educativos (Ec 4.13-16; 9.13-16); metáforas (7.26).

A esas formas literarias debemos añadir la reiteración de frases y la repetición de expresiones, tales como: «bajo el sol», «no hay utilidad», «entonces me dije», y «después examiné», entre otras, que ponen de relieve la continuidad literaria y énfasis pedagógico del libro. En efecto, Qohélet es una obra que manifiesta un muy claro objetivo pedagógico. Su autor tomó las ideas tradicionales de la literatura sapiencial y las revisó a la luz de las nuevas experiencias del pueblo, luego del período de restauración nacional al culminar el destierro en Babilonia.

La naturaleza misma de la obra dificulta la identificación precisa de su estructura literaria. Sin embargo, el estudio de sus temas puede darnos algunas pistas que contribuyan positivamente a identificar algún esquema de contenido en el libro. La siguiente propuesta de estructura puede ser de ayuda a la persona que estudia la obra.

El prólogo (Ec 1.1-11), en el cual el autor se identifica explícitamente como el «hijo de David», presenta los temas centrales de la obra y articula el ambiente sicológico que el libro presupone y propone. La frase que tradicionalmente se ha traducido al castellano como «vanidad de vanidades» (del latín *vanitas*), proviene de una forma hebrea que equivale al superlativo. En efecto, el propósito es subrayar lo efímero y fugaz de la existencia humana, y se destaca lo superficial de la vida. La finalidad del autor es afirmar que la vida tiene un valor efímero, fútil y transitorio, y de esa manera ubica al lector en el contexto sicológico adecuado para la presentación paulatina y sistemática de sus ideas y reflexiones. Para el Qohélet la vida es una desilusión carente de sentido...

El cuerpo del libro (Ec 1.12-12.8) lo compone una serie de reflexiones del autor, a modo de soliloquio, en las cuales se identifican las diversas experiencias en la vida que pueden producir en las personas alegría, felicidad y bienestar. Luego de analizarlas, algunas con detenimiento, concluye que no son capaces de producir la felicidad plena. En efecto, todas esas experiencias en la vida pueden generar, de alguna forma momentánea o transitoria, algún tipo de gozo, que no puede mantenerse a largo alcance.

El propósito pedagógico de esta sección central de la obra es indicar que todos los bienes y los logros que se disfrutan en la existencia humana, aunque tengan bondades y virtudes, son esencialmente transitorios; en efecto, tienen sus límites. De esta manera Qohélet articula la angustia existencial del ser humano ante los misterios y las complejidades de las realidades humanas. Para nuestro libro y autor la vida es complicada y difícil, y presenta desafíos que sobrepasan los límites de la comprensión.

En el análisis que hace de la vida y sus dinámicas, Qohélet evalúa las contribuciones y contradicciones de la ciencia y el conocimiento (Ec 1.12-18; 2.12-17); analiza la naturaleza y extensión de los diversos placeres humanos (Ec 2.1-11; 2.18-23); expone las angustias y las dificultades de los esfuerzos personales (Ec 3.9-22; 9.11-17); y reflexiona ponderadamente en torno a las riquezas (Ec 5.9-13), la sabiduría (Ec 7.19-8.8) y la virtud (8.9-9.10). La tercera sección mayor de Eclesiastés es el epílogo (Ec 12.9-14), que consta de dos partes básicas. En la primera (Ec 12.9-12) se revela el corazón de su conclusión teológica: hay que temer a Dios, aunque la naturaleza y las complejidades de la vida superen los bordes de la comprensión. Ese «temor a Dios» se relaciona con el cumplir los mandamientos y vivir con un sentido de fidelidad.

En la segunda parte del epílogo (Ec 12.13-14) se afirma que todo lo que hagan las personas será evaluado por Dios, que es una forma de afirmar la soberanía divina y brindarle a la gente un sentido de esperanza. De esta forma, el «temor a Dios», que es un valor de gran importancia teológica en la vida del pueblo de Israel, cobra importancia capital y dimensión nueva en el mensaje del Qohélet, pues descubre y afirma el sentido último de la existencia, en la seguridad que emana de la capacidad y voluntad divina de intervenir en medio de las realidades de la vida.

Para el Qohélet, el «temor a Dios» no es una respuesta ingenua o servil a los diversos valores promulgados por la religión. Por el contrario, es el resultado de la reflexión crítica, el producto del análisis sobrio, el fruto de la evaluación sosegada de la existencia, que le permite descubrir las intervenciones divinas en medio de las realidades humanas (Ec 7.13-14). Esas intervenciones, en ocasiones, son difíciles de identificar, pero salen a la luz pública con la afirmación sobria y humilde que se basa en el «temor a Dios», que es el reconocimiento, la reverencia y el aprecio al misterio extraordinario que supera nuestras capacidades de comprensión.

Teología

La teología que se expone en el libro de Qohélet es implícita e indirecta. Y en la enunciación de sus postulados no recurre a los temas tradicionales de la teología bíblica: por ejemplo, el amor de Dios por Israel; la singular elección de Israel como pueblo de Dios; y la alianza o pacto que vincula oficialmente a Dios con Israel.

Las preocupaciones del Qohélet son otras, que se fundamentan no en las tradiciones antiguas del pueblo, sino en la comprensión del sentido de la vida, el significado último de la existencia, el entendimiento de las experiencias que tienen las personas y la naturaleza del tiempo. Y aborda el Eclesiastés cada uno de esos importantes asuntos no desde una perspectiva especulativa o filosófica, sino de manera empírica: en efecto, la teología que se articula en el libro es práctica, contextual, pertinente.

Qohélet presenta sus reflexiones que desprenden del análisis de la vida, y no de alguna teoría abstracta de difícil aplicación. Y desde esa perspectiva práctica, propone con seguridad que «el temor a Dios» (Ec 12.13) sea la respuesta fundamental a las complejidades y los sinsabores de la existencia humana. Dios no está al margen de la vida, sino que es testigo continuo de las acciones y decisiones de las personas.

Esa gran afirmación teológica del «temor a Dios» es la que impide entender a Qohélet como un escéptico materialista o un fatalista deprimido. Y aunque esa afirmación se incluye en las secciones finales de la obra, no puede ser descartada como la conclusión de su búsqueda intensa. Ese «temor a Dios», que efectivamente presupone conocimiento de su voluntad y reconocimiento de su capacidad de intervención en la vida, es una manera de responder teológicamente a los desafíos que le presentan sus observaciones y reflexiones.

La última palabra del Qohélet no es la frustración irracional ni la desesperanza emocional. Por el contrario, la gran afirmación teológica del libro es el reconocimiento público de que Dios está en control de la vida y la historia. Y esa gran declaración teológica es la respuesta concreta de alguien que dedicó su vida al análisis, la observación, el estudio y la evaluación de las complejidades de la vida y sus implicaciones personales y nacionales.

8

❋ Los libros apócrifos o deuterocanónicos

Toda la sabiduría proviene del Señor
y está con él eternamente.
La arena en las playas, las gotas de la lluvia,
los días de los siglos: ¿quién los contará?
La altura del cielo, la anchura de la tierra,
la profundidad del Abismo: ¿quién las medirá?
La sabiduría fue creada antes que todo lo demás,
la inteligencia y la prudencia, antes de los siglos.

ECLESIÁSTICO 1.1-4

Los apócrifos

Apócrifos es el término con que se conoce a un grupo de libros que se incluyen en la versión griega de la Biblia, pero que no aparecen en el canon hebreo de las Escrituras. Y aunque el significado de la palabra se asocia generalmente con la idea de «cosas ocultas o escondidas», los apócrifos son libros de los que, aunque algunos pueden haber sido escritos originalmente en hebreo o arameo, en la actualidad solo se conservan copias en griego.

Los libros apócrifos se incorporan a los cánones bíblicos que dependen de la Septuaginta y la Vulgata, como es el caso de la Iglesia Católica Romana y las Iglesias Ortodoxas, pero que no se incluyen en el canon y en las versiones protestantes de la Biblia, que se fundamenta en las Escrituras hebreas. La expresión designa los libros no destinados al uso general, porque se consideraba que contenían verdades demasiado profundas para la mayoría, o porque se pensaba que contenían algunos errores o, inclusive, herejías. El empleo protestante o evangélico del término, sin embargo, solo denota que estos libros no son canónicos, significado que se remonta a la comprensión que tuvo Jerónimo de esta literatura.

El canon hebreo y el Antiguo Testamento protestante de la Biblia incluyen los mismos libros, aunque en un orden diferente. No así es el caso en la Iglesia Católica y Ortodoxa, que incorporan libros adicionales que en esas denominaciones cristianas se conocen como «deuterocanónicos», pero que en círculos protestantes y evangélicos se alude a ellos como «apócrifos». El término «deuterocanónicos» le brinda a estas obras cierto reconocimiento religioso y autoridad canónica. Las denominaciones protestantes y evangélicas, sin embargo, no reconocen la autoridad doctrinal, teológica y espiritual de estas obras, aunque pueden entender su utilidad histórica.

De acuerdo con la tradición atestiguada por Jerónimo, existen unos 14 o 15 libros apócrifos. Todos se originaron en el período intertestamentario, que va del siglo II a. C. al siglo I d. C., y se escribieron posiblemente en hebreo o arameo, excepto los libros de la Sabiduría de Salomón, la Oración de Manasés y 2 Macabeos; además, gozaron de gran popularidad y reconocimiento entre la numerosa colonia judía de Alejandría. Casi todos se incluyeron en la traducción griega del Antiguo Testamento, la Septuaginta (LXX), que se hizo en esa ciudad egipcia. Eso implica, en efecto, que esa comunidad judía en la diáspora, en cierta forma, consideró estos libros con la misma autoridad espiritual y religiosa que los demás libros de la Biblia hebrea.

El canon

Referente a la autoridad religiosa y el reconocimiento espiritual de esta literatura llamada apócrifa, los rabinos que se reunieron en el importante Concilio de Jamnia en 90 d. C. discutieron el tema de la relación de esta literatura griega y el canon de las Sagradas Escrituras hebreas. Entre los criterios que se utilizaron para analizar, evaluar y determinar el valor espiritual y el potencial canónico de esa literatura estaban los siguientes: la determinación de si el libro fue redactado originalmente en hebreo o arameo; la antigüedad de la obra, pues se pensaba en esa época que la profecía judía había finalizado con el ministerio de Esdras; la afirmación de la ortodoxia doctrinal y teológica de los escritos; y la calidad literaria del libro. De acuerdo con estos criterios, y también por otros factores temáticos, literarios y doctrinales, los libros apócrifos quedaron excluidos del canon hebreo.

La decisión del llamado Concilio de Jamnia, sin embargo, no afectó significativamente a los cristianos y las iglesias de los primeros siglos, pues en las congregaciones se utilizaba mayormente el Antiguo Testamento en el idioma griego (LXX). Y aunque es posiblemente cierto que los libros apócrifos no se citan explícitamente en el Nuevo Testamento, parecen haber influenciado de manera directa o indirecta el pensamiento teológico de algunos de sus escritores, como puede apreciarse al estudiar con profundidad, entre otros, algunos pasajes evangélicos y pensamientos paulinos (véase, p. ej., Mt 11.28-30 y Eclo 24.25-31; Mt 9.17 y Eclo 9.15; Lc 12.6-20 y Eclo 11.14-20; Ro 1.19–20 y Sab 13.1-9; Ro 9.21 y Sab 15.7; Heb 1.3 y Sab 7.26; Heb 11.35 y 2 M 6.18-9.28).

Algunos padres de la iglesia citaron varios de los libros apócrifos sin reconocer necesariamente su autoridad moral y espiritual como parte de la Biblia cristiana. Y en su prólogo a los libros de Salomón, Jerónimo indica que los apócrifos del Antiguo Testamento podían leerse con el propósito de edificación espiritual, pero no deben ser utilizados para confirmar la autoridad y las doctrinas la iglesia. Y aunque los incluyó en el Antiguo Testamento de su versión latina de la Biblia, la Vulgata, señaló claramente que esos libros que no se hallaban en el canon hebreo.

Perspectiva evangélica

En el siglo XVI, Martín Lutero y otros reformadores europeos emplearon el canon hebreo del Antiguo Testamento, que no contenía los apócrifos, para el desarrollo de sus enseñanzas y la elaboración de sus nuevas doctrinas religiosas. En efecto, conocían la perspectiva teológica de Jerónimo en torno a esta literatura, y rechazaron abiertamente ciertas doctrinas que la Iglesia Católica fundamentó en estos libros apócrifos.

En su versión alemana del Antiguo Testamento (1534), Lutero agrupó los libros apócrifos en una sola sección. Los colocó en bloque entre el Antiguo y el Nuevo Testamento y los identificó claramente como libros que no deben ser tenidos como iguales al resto de las Sagradas Escrituras, pero cuya lectura podría ser útil.

Otras traducciones de la Biblia a las diversas lenguas europeas durante el siglo xvi siguieron el ejemplo de Lutero, incluyendo a la influyente Biblia del Oso de Casiodoro de Reina (1569), que comenzó la tradición de traducciones y versiones de la Biblia en castellano conocidas como la Reina-Valera.

Frente a esa comprensión alterna y protestante de los libros apócrifos, la Iglesia Católica, en el Concilio de Trento (1546), reconoció oficialmente la autoridad eclesiástica de esos libros que se incluían en la Vulgata como sagrados y canónicos. Los identificó finalmente como los «libros deuterocanónicos», que significa que pertenecen o que son parte de un segundo canon de las Escrituras. Libros como 1 y 2 Esdras, y la Oración de Manasés, que están no incluidos en la lista de los doce escritos declarados como deuterocanónicos por el Concilio de Trento, se publicaron más tarde en letra pequeña, a modo de apéndice, en la conocida edición clementina de la Vulgata (1592).

La Iglesia Anglicana, en el artículo sexto de los «Treinta y nueve artículos de la religión», acepta y recomienda la lectura de los libros apócrifos por algunos ejemplos y varias enseñanzas que contienen, pero no los utiliza para establecer doctrina ni política eclesiástica alguna. La Confesión de Westminster (1647), que ha sido fundamental para las iglesias presbiterianas, calvinistas y reformadas de habla inglesa, rechaza categóricamente los libros apócrifos y niega que tengan algún tipo de autoridad moral, doctrinal, espiritual o eclesiástica. Y en esa tradición teológica, en el año 1827, las Sociedades Bíblicas británica y americana decidieron excluir los libros apócrifos o deuterocanónicos de sus publicaciones de la Biblia.

Aunque, en efecto, de acuerdo con las posturas teológicas tradicionales de las iglesias protestantes y evangélicas, los libros apócrifos no tienen la misma autoridad espiritual y doctrinal que los libros canónicos, constituyen una conexión importante entre los dos testamentos. Esta literatura apócrifa o deuterocanónica puede contribuir positivamente a la comprensión de varios temas y teologías del Nuevo Testamento. Y, como formaban parte de las Biblias cristianas más antiguas, los apócrifos tienen un lugar en el estudio de las doctrinas bíblicas.

A continuación presentamos un breve resumen del carácter, el contenido y la fecha de composición de los libros apócrifos más comunes. De este grupo, 1 y 2 Esdras y la Oración de Manasés no se incluyen en las Biblias editadas por la Iglesia Católica.

Primer libro de Esdras, también conocido como 3 Esdras en la Vulgata

Este libro es básicamente una traducción y edición del material que se incluye en 2 Crónicas 35.1-36.21, a la cual se le ha añadido una sección adicional (1 Esd 3.1-5.3). El propósito de la obra es relatar cómo Zorobabel obtuvo de Darío, el famoso rey persa, la autoridad requerida y los fondos necesarios para regresar a Jerusalén, reanudar la reconstrucción de los muros de la ciudad y reconstruir el templo. Este libro posiblemente fue escrito luego del 150 a. C.

La proliferación de los libros asociados a Esdras es una clara indicación de la popularidad del escriba y de la autoridad moral y religiosa que había alcanzado en las comunidades judías y cristianas antiguas.

Segundo libro de Esdras, también conocido como 4 Esdras en la Vulgata

Este nuevo libro relacionado con el escriba Esdras es una obra de carácter eminentemente apocalíptico. Contiene, en esencia, las siete visiones que, al parecer, recibió Esdras en Babilonia durante el siglo VI a. C., antes de emprender su viaje a Jerusalén (2 Esd 3-14). El propósito de la obra es reflexionar en torno al mal en el mundo; específicamente, al autor le interesan las complejidades y los desafíos que representa el sufrimiento humano. Además, el escrito procura justificar los caminos de Dios y las decisiones divinas ante el mundo. El autor de esta obra fue posiblemente un judío que escribió en el idioma arameo hacia fines del siglo I d. C. La obra incluye también varios capítulos (2 Esd 1; 2; 15; 16) que posiblemente son adiciones posteriores que provienen de las reflexiones teológicas de algunos autores cristianos.

El libro de Tobías

Este breve libro contiene un relato popular que tiene claramente una finalidad educativa de edificación. En el relato, el ángel Rafael soluciona una serie de problemas que tenían Tobit y Sara, sus dos personajes principales, que son judíos piadosos. La intervención angelical se produce por la mediación efectiva e intervención de Tobías, el hijo de Tobit.

Este libro destaca el interesante tema de los deberes humanos hacia las personas muertas, además de incentivar el apoyo a la gente necesitada mediante limosnas y ofrendas de amor. Posiblemente fue escrito alrededor del siglo II a. C.

El libro de Judit

En el libro de Judit se relata cómo una bella viuda judía, en un gesto de valentía y seguridad, le cortó la cabeza al comandante asirio Holofernes, que junto a sus tropas sitiaba la ciudad de Betulia. Es una narración de triunfo y salvación en torno a los israelitas, la presentación de una nueva heroína judía que con su intervención salva al pueblo de una crisis con potencial de exterminio.

Las narraciones de la obra están repletas de inexactitudes históricas y desconocimiento geográfico, que posiblemente incorporó el autor a propósito para centrar la atención del relato y destacar el profundo drama social, político y religioso que presenta. Es muy probable que el libro se haya escrito en hebreo alrededor del 100 a. C.

Las adiciones al libro de Ester

En el primer o segundo siglo a. C., un personaje llamado Lisímaco (Est 11.1) tradujo el texto hebreo del libro canónico de

Ester al idioma griego. En esa traducción y revisión teológica del libro de Ester incorporó, en seis lugares diferentes de la narración, pasajes e informaciones de importancia teológica que no se encuentran en el texto hebreo del libro. ¡Son como 107 versículos nuevos en griego!

El propósito de estas adiciones es presentar una perspectiva teológica explícita de la obra, cuya narración en el texto hebreo no incluye el nombre de Dios. Todas las adiciones griegas al texto, excepto una, incorporan el nombre divino en los relatos. En la traducción latina de la Vulgata todas estas adiciones se encuentran al final del texto canónico, pero en algunas versiones modernas de la Biblia se han incorporado en el lugar temáticamente correspondiente de la narración, aunque esas añadiduras se disponen en letras cursivas.

El libro de la Sabiduría de Salomón

Aunque la obra insinúa que su autor fue el rey Salomón, la realidad es que posiblemente proviene de una autor judío helenizado, quizá de Alejandría, que escribió entre los años 100 y 50 a. C. La lectura cuidadosa del libro revela que el autor desea comunicarse con los diferentes sectores sociales del judaísmo: por ejemplo, algunos judíos tibios y apóstatas (Sab 1-5), y también gente muy fiel al judaísmo que estaba desanimada por las persecuciones y los problemas en los que habían estado involucrados a través de la historia (Sab 10-12; 16-19).

Además, el libro presenta a sus posibles lectores gentiles una especie de introducción o explicación en torno a la verdad del judaísmo, e identifica y expone, con sabiduría, la insensatez e imprudencia de la idolatría (Sab 6-9; 13-15).

Un tema que se destaca en la obra es la importante creencia en la inmortalidad del alma, que es un claro asunto y tema helenista, y subraya el importante papel que juega la sabiduría, que se identifica directamente con Dios, en el gobierno del mundo y la humanidad (Sab 7.22-8.1).

El libro de Eclesiástico

Esta obra se escribió en hebreo por los años 190-180 a. C., y su autor fue posiblemente un judío palestino llamado Jesús (en hebreo, Josué), que era hijo de Sirac (Eclo 50.29). Luego de cincuenta años, el nieto del autor llevó un ejemplar del libro a Egipto, donde según el prólogo de la obra se tradujo al griego. Este libro recalca y celebra la sabiduría que se pone de manifiesto al estudiar la ley que Moisés le dio al pueblo de Israel en el monte Sinaí (Eclo 24.33, 34).

El libro es, en esencia, una recopilación de máximas y consejos que ensalzan diversos valores éticos y morales; particularmente se destacan la prudencia y la autodisciplina (Eclo 1.1-42.4). Entre los consejos del libro, de singular importancia es el llamado «elogio de los hombres ilustres» (Eclo 44.1-50.21), que comienza con la identificación de Enoc y culmina con el sacerdote Simón II (220-195 a. C.).

El libro de Baruc

Este pequeño libro se atribuye tradicionalmente a Baruc, que fue asistente, escribano y secretario del profeta Jeremías. Consta la obra de una oración de confesión y de esperanza (Bar 1.15-3.8), un poema que alaba y ensalza la sabiduría (Bar 3.9-4.4) y finalmente incorpora un mensaje profético (Bar 4.5-5.9), en el cual se anima a los cautivos judíos en Babilonia.

El tema que utiliza Baruc para animar a los deportados es la esperanza del fin del exilio y afirma el pronto regresarán del cautiverio en Babilonia. Una lectura atenta de la obra puede revelar que el escrito tiene más de un autor y que, quizás, el más reciente de ellos procede de los comienzos de la era cristiana.

La carta de Jeremías

Esta breve obra se encuentra en la traducción latina de la Vulgata y en otras traducciones de la Biblia en ediciones católicas, como el capítulo 6 del libro de Baruc. La versión griega de la Septuaginta (LXX), sin embargo, incluye esta carta en una sección separada al libro de Baruc. El propósito fundamental es presentar un mensaje que ridiculiza la idolatría que se vive y se manifiesta en Babilonia. No es posible determinar con precisión la identidad del autor y la fecha de composición.

La oración de Azarías y el cántico de los tres jóvenes

Esta obra se trata esencialmente de una adición al libro hebreo de Daniel, que se encuentra en las versiones griegas y latinas, y se ubica en el tercer capítulo, entre los versículos 23 y 24 del texto canónico. Es muy posible que esta narración se haya escrito en hebreo entre los siglos II y I a. C., y consiste en el cántico de victoria de los tres jóvenes que se utiliza aún en varias liturgias modernas (p. ej., algunas iglesias anglicanas y la luterana) con el título de *Benedicite*.

Susana

Esta pequeña obra es una narración de tipo «detectivesco», en la que el joven Daniel, con su sabiduría, pone al descubierto las falsas acusaciones que dos ancianos lascivos lanzaron injustamente contra Susana, una mujer judía muy piadosa, virtuosa y bella.

En la traducción latina de la Vulgata esta narración en torno a Susana se añade al capítulo final del libro canónico de Daniel, y en las traducciones católicas generalmente se identifica como el capítulo 13 de Daniel. La identificación precisa del autor no es posible, y la narración probablemente proviene de dos siglos previos a la era cristiana.

Bel y el Dragón

Esta es otra historia de tipo «detectivesco» como la de Susana, que se articula como un mensaje claro y directo contra la idolatría. Una vez más el joven sabio Daniel, en la tradición de este personaje en el libro canónico, descubre las artimañas y las mentiras de los sacerdotes idólatras de Bel para posteriormente matar a la serpiente que era venerada y adorada por los babilonios. Daniel, en esta narración, es echado por segunda vez al foso de los leones, pero nuevamente sale airoso de la prueba.

Respecto al autor, la fecha y el lugar de composición la información disponible es escasa, y también confusa. La traducción latina de la Vulgata incorpora esta adición teológica al final del libro canónico de Daniel, y se identifica en las traducciones católicas como el capítulo 14 del libro de Daniel.

La oración de Manasés

Esta pequeña obra contiene una oración intensa y sentida, en la que el rey Manasés confiesa ante Dios, con suma humildad y arrepentimiento, sus pecados. Y en su plegaría pide perdón a Dios por sus acciones rebeldes e impropias. Algunos estudiosos piensan que esta oración pudo haberse compuesto para incluirse en el segundo libro de las Crónicas (2 Cr 33.12, 13, 18). La obra se debe haber escrito en griego, posiblemente al comienzo de la era cristiana.

Aunque no forma parte de los libros canónicos adoptados en el Concilio de Trento, generalmente se incluye en un apéndice de la Vulgata.

Primer libro de Macabeos

Esta obra tiene un muy alto valor histórico, y presenta la firme y decidida resistencia judía a los esfuerzos irracionales y violentos de Antíoco Epífanes IV de Siria para erradicar el judaísmo de la región y también para helenizar a la comunidad judía, particularmente en la ciudad de Jerusalén. La obra destaca las hazañas heroicas de los hermanos Macabeos, Judas, Jonatán y Simón, durante las invasiones e intervenciones de los sirios entre los años 175 y 134 a. C. El autor de la obra es posiblemente un judío de Palestina que escribe en hebreo alrededor del año 100 a. C. El texto hebreo original de la obra se ha perdido, solo se conservan algunas copias griegas antiguas.

Segundo libro de Macabeos

Este libro es una especie de resumen de una gran obra en cinco tomos escrita por un tal Jasón de Cirene (2.19-32). La trama principal del escrito es la presentación de la historia del pueblo judío entre los años 175 y 160 a. C. Y como la obra tiene una clara finalidad educativa de edificación, el mensaje se articula con un estilo de exhortación (2 M 2.25; 15.39).

El autor del libro escribió principalmente para los judíos que vivían en Egipto, específicamente en la ciudad de Alejandría. Su finalidad era despertar en esa comunidad judía en la diáspora un interés por el templo de Jerusalén. La lectura de la obra revela que el autor presupone la fe en la resurrección de los justos. Entre los temas que se exponen en el libro que desafían las doctrinas eclesiásticas tradicionales están la recomendación a la oración y el sacrificio de expiación por las personas muertas (2 M 12.41-46). El libro, posiblemente, se escribió en griego entre los años 124 a. C. y 70 d. C.

Bibliografía

A continuación presentamos una bibliografía selecta, no muy extensa, de las obras consultadas y de los libros que recomendamos para proseguir los estudios más avanzados de la Biblia hebrea o el Antiguo Testamento. Aunque deseamos enfatizar obras recientes en castellano, se han incluido algunas referencias a libros en otros idiomas, particularmente en inglés, por la importancia de sus contribuciones.

Y en torno a la bibliografía de los libros de la Biblia en específico se pueden consultar los comentarios bíblicos que incluimos a continuación.

Obras generales en torno a la Biblia

ALONSO SCHÖKEL, L., *La palabra inspirada* (Madrid: Cristiandad, 1986).

_____, *Hermenéutica de la Palabra*, 3 vols. (Madrid: Cristiandad, 1986/1987).

_____, ARTOLA, A. M. (eds.), *La Palabra de Dios en la historia de los hombres* (Bilbao: Deusto-Mensajero, 1991).

ARANDA PÉREZ, G., GARCÍA MARTÍNEZ, F., PÉREZ FERNÁNDEZ, M., *Literatura judía intertestamentaria* (Estella, Navarra: Verbo Divino, 1996).

ARTOLA ARBIZA, A. M., *La Escritura inspirada. Estudios sobre la inspiración bíblica* (Bilbao: Universidad de Deusto, 1994).

CHILDS, B. S., *Introduction to the Old Testament as Scripture* (Philadelphia: Fortress Press, 1982).

CLEMENS, R. E., *Old Testament Theology* (Atlanta: John Knox Press, 1978).

DELCOR, M., GARCÍA MARTÍNEZ, F. *Introducción a la literatura esenia de Qumrán* (Madrid: Cristiandad, 1982).

DIEZ MACHO, A., *El Targum: introducción a las traducciones arameicas de la Biblia* (Madrid: CSIC, 1982).

_____, *Los apócrifos del Antiguo Testamento* (Madrid: CSIC, 1983-1986).

GARCÍA CORDERO, M., *Teología de la Biblia*, 3 vols. (Madrid: Edica, 1970-1972).

GARCÍA MARTÍNEZ, F., *Textos de Qumrán* (Madrid: Trotta, 1993).

FINEGAN, J., *Hadnbook of Biblical Chronology. Principles of Time Reckoning in the Ancient World and Problems of Chronology in the Bible* (Peabody: Hendrickson, 1998).

MANNUCCI, V., *La Biblia como Palabra de Dios* (Bilbao: Desclée, 1995).

PAGÁN, S., *El misterio revelado: Los rollos del Mar Muerto y la comunidad de Qumrán* (Nashville: Abingdon, 2001).

_____, *El Santo de Israel* (Nashville: Abingdon, 2001).

_____, *Palabra viva* (Miami: Caribe, 1995).

_____, *Experimentado en quebrantos* (Nashville: Abingdon, 1998).

OCARIZ, F., BLANCO, A. *Revelación, fe y credibilidad* (Madrid: Pelícano, 1998).

RAD, G. von, *Teología del Antiguo Testamento*, vol. 2 (Salamanca: Sígueme, 1975).

TREBOLLE BARRERA, J., *La Biblia judía y la Biblia cristiana* (Madrid: Trota, 1993).

TREVIJANO ETCHEVARRÍA, R., *La Biblia en el cristianismo antiguo* (Estella, Navarra: Verbo Divino, 2001).

SCHWANTES, M., *Sufrimiento y esperanza en el exilio* (Santiago: REHUE, 1991).

Comentarios e introducciones al Antiguo Testamento

ACKROYD, P. R., LEANEY, A. R. C., PACKER, L. W., *Cambridge Bible Commentary on the English Bible* (Cambridge: Cambridge University Press, 1963-79).

ALONSO SCHÖKEL, L., MATEOS, J. (eds.), *Libros Sagrados* (Madrid: Cristiandad, 1966-1977).

BROWN, R. E., FITZMAYER, J. A. y MURPHY, R. E., *Nuevo Comentario Bíblico «San Jerónimo»*, 2 vols. (Madrid: Cristiandad, 1971-72, 2000).

CROSS, F. M., ed., *Hermeneia. A Critical and Historical Commentary on the Bible* (Filadelfia: Fortress Press, 1972).

EATON, A. W., *Manual para el estudio de las escrituras de Israel* (San Juan: Puerto Rico Evangélico, 1998).

FARNER, W. R., et al., (eds.), *Comentario Bíblico Internacional* (Estella, Navarra: Verbo Divino, 1999).

GOTTWALD, N. K., *The Hebrew Bible: A Socio-Literary Introduction* (Philadelphia: Fortress, 1985).

GUIJARRO OPORTO, S., SALVADOR GARCÍA, M., (eds.), *Comentario al Antiguo Testamento* I (Estella, Navarra, Casa de la Biblia, 1997).

HUBBARD, D. A., (ed.). *Word Biblical Commentary* (Waco: Word Books, 1982).

KECK, L., *The New Interpreter's Bible*, 12 vols. (Nashville: Abingdon, 1995-2002).

LAFFEY, A., *An Introduction to the Old Testament: A Feminist Perspective* (Philadelphia: Fortress press, 1988).

LASORD, W. S., *Panorama del Antiguo Testamento* (Buenos Aires y Grand Rapids: Nueva Creación y Eerdmans, 1995).

MCKENSIE, S. L., GRAHAM, M. P. (eds.), *The Hebrew Bible Today: An Introduction to Critical Issues* (Louisville: Westminster-John Knoix press, 1998).

SÁNCHEZ CARO, J. M., et al., (eds.), *Introducción al estudio de la Biblia,* 10 vols. (Estella Navarra: Verbo Divino, 1989).

RENDORFF, R., *The Old Testament: An Introduction* (Philadelphia: Fortress, 1995).

SCHMIDT, W. H., *Introducción al Antiguo Testamento* (Salamanca: Sígueme, 1983).

SICRE, J. L., *Introducción al Antiguo Testamento* (Estella, Navarra: Verbo Divino, 1993).

SOGGIN, J. A., *Introduction to the Old Testament* (Philadelphia: Westminster Press, 1980).

STENDEBACH, F. J., *Introducción al Antiguo Testamento* (Dusseldorf: Patmos, 1994).

VV. AA., *Comentario bíblico hispanoamericano*, vols. 1 y 2 (Madrid: Verbo Divino, 2005, 2006).

VV. AA., *La Sagrada Escritura,* 6 vols. (Madrid: BAC, 1967-71).

Ediciones de la Biblia

A. EDICIONES EN HEBREO, ARAMEO Y GRIEGO

ELLIGER, K., RUDOLPH, W., (eds.), *Biblia Hebraica Stuttgartensia* (Stuttgart Deutsche Bibelgesellschaft, 1967-87).

Septuaginta. Vetus Testamentum Graecorum Autoritate Academiae Scientiarum Gotingensis Editium, (Gotingen: Vanderhoeck und Ruprecht, 1974).

B. EDICIONES EN CASTELLANO

Biblia del Peregrino, (Bilbao: Mensajero, 1993).

Biblia de estudio (VPEE), (Miami: SBU, 1994).

El Libro del Pueblo de Dios, (Buenos Aires: Paulinas, 1980)

La Biblia de Navarra, (Pamplona: EUNSA, 1975-2002).

La Biblia, NVI (Miami: SBI, 2001).

La Nueva Biblia de Jerusalén (Bilbao: Descleé de Brouwer, 1975).

La Nueva Biblia Española (Madrid: Cristiandad, 1975-1988).

La Nueva Biblia Latinoamericana (Madrid: Paulinas, 1982).

Reina-Valera 1995: Edición de estudio (Miami: SBU, 1995).